続共生社会をもとめて

福祉を歩いて60年

忍 博次
OSHI Hirotsugu

はじめに

二〇二〇年（令和二年）三月、私は九十歳の誕生日を迎える。長生きしたものである。北星学園大学の退職は二〇〇〇年、七十歳だった。退職を記念して、私のゼミの卒業生が中心になって論文集『ノーマルな社会を築くために』を出版してくれた。私も北海道新聞の「魚眼図」に執筆したエッセイを集め『社会福祉を考える』を出版した。八十歳には若い時からの福祉実践や研究紀要に執筆した論文・エッセイなどを選んで『共生社会をもとめて―福祉を歩いて50年』を出版した。言うなればこれまでの福祉実践や研究に焦点を当てた私の中の歴史（自分史）である。八十歳以後は社会活動や研究はできなくなるだろうと考えていたが、ボケ防止に誘われて、ボランティアや研究の手伝いなどを続けてきた。光陰矢の如し、九十歳になろうとしている。今度こそ人生、その締めくくりであろう。これまで人生の節目に記念誌を出版する幸せを得たが、卒寿にもなにかをまとめたい。そんな希望が膨らんだ。

八十歳の時の本を読んでいた友人は『北海道の国保』の「時流」をまとめてみてはと提案してくれた。「時流」は時々の社会問題をとらえ対応する社会福祉の在り方を考えてきた。二〇〇九年までの分は八十歳の時の本に纏めて掲載しているが、二〇一〇年からの二十八テーマはそのままである。前回の続きとして纏めれば平成の福祉実践を読み解き、令和の社会福祉の持続的発展を進めるヒントになるかもしれない。そう考えて、目次のように第一部は「時流」を中心に編集した。さらに少子高齢社会の急激な進行に直面し、介護問題が話題になっているのを考え、その対談等（ノーマライゼーション住宅財団の機関誌『WITH《ウィズ》 LIFE《ライフ》』）も加えることにした。

第二部は前の本も同様、私のライフワークである障がい者に対する偏見と差別、ノーマライゼーションに関する最近の論文と社会福祉の研究や実践の自分史として執筆した論考を選んだ。「知的障害者の地域移行・自立支援の問題」は大きい施設の保護から脱して自由な普通の地域生活を試みたグループホームの調査である。国際障害者年（一九八一年）を契機として多くの施設で試みられている。その施設の努力と工夫を事例研究した。「共生社会への壁」は見えざる心として障がい者に対する否定的感情や差別の実相をとらえ理論的に分析した。「偏見の研究から共生社会の実現へ」は私の研究の動機と過程、そして多くの人に支えられて成長した内省の記録である。

社会福祉は複雑系の科学であり、一つの学問体系で理解することは困難である。福祉実践も各種の専門家が協働してこそ成果があがる。ゆえに私の研究や教育の営みも専門的協力体制の一部分を担うことに過ぎない。その意味では長寿の節目での記念誌を出すことに独りよがりのためらいもあるが、福祉探求の一側面としてささやかな歩みに目を向けて頂けたらと思う。共に学び、大学や研究所、福祉のあり方を議論した友人、先輩達の多くは私より先に逝った。私を助けてくれた妻も亡くなってから二十七年になる。この本は今は亡き友人達と妻への感謝のしるしである。

二〇一九年　今年も暮れんとして

忍　博　次

〔目　次〕

第2部　ノーマライゼーションの実現を目指して

あとがき

第1部

二一世紀、社会福祉の課題

「時流」（『北海道の国保』２０１０年３月号～２０１９年10月号）

後期高齢者、年齢差別のない社会へ

２０１０／３

後期高齢者医療制度に対する批判は尽きない。「用語が差別的である」「保険料の年金からの天引きは何事だ」「以前の制度より保険料が高くなった」「低所得者の保険料軽減措置に矛盾がある」などなど。制度の中身に対する批判の高まりと高齢者の医療費に対する関心は、後期高齢者になると生活に何が起きるのかを人々に深く考えさせた。

わたくしごとで恐縮だが、この3月私は80歳になる。まさしく「後期」である私個人にとっては、この用語にさほど違和感はない。人間は生まれた時（乳児期）から死ぬ（老年期）まで何段階かの発達段階をたどる。ライフサイクルの最後の段階に達しただけだと思うからである。

ただ高齢者に付きまとう「年金生活者」「病虚弱」「介護が必要」「医療の必要度が高い」「依存的生活」など、これらイメージのカテゴリー化が起こると、健康保険財政の悪化、介護保険制度の問題などと重なって、「社会的重荷」あるいは「社会保障制度の重圧」などの否定的価値観で、高齢者をステレオタイプ（紋切り型）化してみる懸念は否定しがたい。そしてその社会的雰囲気が個人的生活の中で「いじめ」「虐待」に転じれば、それはまさしくエイジズム（年齢差別）である。

いま虐待が急増している。こんな空気が背景になって後期高齢者をくくる用語が出てくれば、差別用語と感ずる人が多いのは無理からぬことであろう。しかしたとえこの用語が不快であっても、高齢になって直面する事実を直視する勇気は持たねばならないであろう。

30年ほど前アメリカのサンシティー（55歳以上高齢者の町）を訪れた。案内してくれた方は「私はシカゴに住んでいた。アメリカ社会は競争が激しい。高齢者に冷たいし、都会での生活は厳しい。もっとゆったりと自分のペースで生活する場を求めたのですよ」という。サンシティーは私の見たところ、比較的生活の豊かな中産階層以上の人達の自立の場であった。規模を拡大しているが、いま初期の移住者の生活は苦しくなっていると聞く。健康で、所得のある時はよい。しかしどんなところに住もうと、病弱になり、収入が減ると社会的ケアが必要になる。アメリカの公的医療保険制度は不十分だし、エイジズムも社会問題になっている。エイジズムがサンシティーを生んだといえなくもないのである。

後期高齢期になれば、この時期特有の生活課題（健康の維持と医療、年金・収入の低下、孤独化、変化する生活への適応など）に直面する。少子高齢社会は社会保障制度に重圧を与えている。後期高齢者医療制度は、特に健康や医療についての警告を発したと見てよいのではないか。誰でも人生の最後の段階は後期高齢期である。そのとき「社会のお荷物視」、「社会的排除」を望む人はいまい。与党民主党は後期高齢者医療制度を廃止するという。代わる制度が安心社会になるよう知恵を絞ってもらいたいものである。

暮らしやすい地域をつくるには
―偏見と差別の克服へ

２０１０／７

北海道障がい者条例がこの４月から全面施行された。国際障害者年（１９８１年）を境にノーマライゼーション社会（完全参加と平等）を目指す政策が取られ、障がいを持つ人の自立や社会参加を進める施策がなされてきた。しかし施設から地域への移行や就労など、掲げられた目標になかなか届かない。この条例は障がい者の権利擁護と自立を支える地域づくりをさらに進めるための、基本的施策の方針を示したものである。

障がい者の社会参加を妨げる要因として、一般に四つのバリア（障壁）が指摘される。それは

①物理的バリア　身体の不自由を考慮しない住居、乗り物、建築物など

②制度的バリア　資格・免許取得の制限、就職制限、分離教育、入学制限など

③情報のバリア　視覚・聴覚障がい者に対する情報提供の配慮不足

④心のバリア　否定的態度、感情的排除など

である。

これらバリアを減らす努力がノーマライゼーションへの道であるが、この中で最も社会参加の制約になっているのは「心のバリア」であろう。われわれの文化は残念ながら障がいを持つ人の社会参加に対して否定的で、平均的社会の営みは障がいのある人を排除する仕組みになっていた。それが当然の生活空間であり、平等や社会参加のために社会の方を変えるべきとの考えは乏しかった。

このような隔離や排除に国民の多くが疑問を持たないのは、育ちの中で無意識にこの価値観を社会的自我としてインプットされてきたからであろう。これが偏見・「見えざる心」である。偏見とはマイノリティー（権利を奪われやすい少数者集団）に属しているからというだけで、その成員に対して否定的感情を生む心理的枠組みなのである。

オルポート（アメリカの心理学者）に言わせると、偏見は内なる差別意識であるが、嫌悪や軽蔑《けいべつ》の感情が高ぶると、それは誹謗《ひぼう》→回避→差別→隔離→身体的攻撃→絶滅へ結びついていくという。

心のバリアは気付きにくいが差別の根を形づくる。差別は不平等・不利益を与えることであるから権利侵害の元凶である。偏見や無理解に気が付けば他のバリアの問題もみえてくる。

この心理的メカニズムは貧困者の排除や高齢者虐待などにも当てはまるであろう。権利擁護と地域づくりはこれからの福祉の基本条件である。この条例が北海道の社会福祉の新しい道しるべとなってほしいものである。

没イチ生活を考える

2010／11

没イチとは高齢になって配偶者に先立たれた人を表す用語らしい。先日のテレビ番組でその新語を知った。没イチはどんな問題に直面し、孤独をどう克服するかがそのテレビの主題であった。

一般に高齢になれば若い時と違った生活の課題に直面する。それは、①現役からの引退と年金による生活②職場の社会関係から地域の生活へ社会的役割の変化③激変する社会、多様な価値観などに適応することなどである。それに加えて配偶者を失うことは孤独に陥り、安らぎを失うばかりでなく、一人暮らし生活の自立を迫られる。

根拠はないが没イチになっても女性は健気《けなげ》に立ち直るが、男性は落ち込み、生活の乱れを露呈する傾向が高いと聞く。自分の狭い経験から考えても、従来の家族モデルは高齢化しても男性は職場中心の思考から脱しきれず、身の回りのこと、消費生活、地域の付き合いの多くを妻に依存しきっているように思われる。妻が先に死ぬなど想像もしない。妻がいなくなれば生活のこまごましたことがいっぺんに襲いかかり、パニックに陥ってしまうのである。

女性はといえば、退職した夫に、食事から身の回りのことなど、幼児のように纏《まと》わりつかれていた事態から自由になる。悲しみから脱するにつれ、念願の自立が可能になるというのである。

そう考えると没イチの悩みは男に大きいのかもしれない。私事で恐縮だがかくいう筆者も没イチである。もう17年にもなる。家庭生活はご多分に漏れず妻に頼り切っていた。家のことは何もしていなかったから、まず金銭の出し入れに戸惑った。食事の用意と後片づけ、洗濯、掃除も煩わしい。孤独と外食のせいか酒量が増えた。仕事を続けていたので、その間は寂しさに落ち込むことはなかったが、妻のいない空間は埋めようがなかった。

立ち直ったのは3カ月くらいたったころだろうか。あとどうするかは個人差がある。私の場合、持ち家があり、仕事があり、収入があった。心掛けなければならないのは健康であり、いつまでも続く孤独に耐えることであった。

いま料理は億劫《おっくう》でない。酒の肴《さかな》もレシピを頼りに旬を楽しみ、腹八分を守っている。有り余る余暇は若いときにやりたかった運動や趣味を可能にしたし、読書の幅も広がった。ボランティアもやっている。80歳にして、男やもめも捨てたものではないと思えるのは健康を保持できているからかもしれない。反面、遠からず病を得、介護を受ける身になるだろう。そして死をうろたえないで迎えられるか心配でもある。

いま一人暮らしは多くなった。無縁社会も広がっている。誰だっていずれは没イチになるのである。没イチへの関心は悲嘆・孤独への援助から死のありようまで含めた生活支援の在り方を考えさせられる。

大震災 ― 福祉サービスの利用者は何処へ

2011／4

震災発生から2週間（執筆時）、想像を絶する惨状に涙する。地震と大津波は防災の専門的知見をはるかに超えるものだった。というよりその知見に寄り掛かった防災感覚が、災害を大きくしたのではないかとすら思われる。

東日本大震災の悪夢は3つの特徴を持つ。災害の範囲が500キロにも及ぶこと、その500キロの沿岸が全て大津波にさらわれ壊滅したこと、そして原子力発電所が放射能漏れの危機にさらされていることである。原発事故の恐ろしさはチェルノブイリの前例がある。言っても詮ないことだが、原発の電源喪失事故の可能性は議論されていたのである。想定外ではなかった。謙虚に対応していればこんな惨事には至らなかったはずである。現時点でみられるライフライン復旧の遅れ、救援物資の配給不備、行政機能の混乱などもそうだが、これら悪条件は今後の復興計画の困難さを予見させている。

命を守ることから救援物資・生活再建へ、そして復興計画へと、これから救援の状況は変わっていく。どの時点でどんな救援が必要かその情報が乏しい。福祉関係者としてもどかしいのはボランティアを派遣したくても地元の状況が混乱していることだ。それにしてもマスコミ報道でとらえる限り、高齢者福祉施設の津波被害以外、他の社会福祉施設やグループホーム、自立生活をしている障がい者の安否が見えない。

ケアの必要な人はどんなに困っているか。社会的弱者は災害弱者にもなりかねないと心配するのは関係者としての杞憂《きゆう》であろうか。

例えば要介護の人はあのがれきの中では移動もままならないし、救援物資も誰かの手を借りなくては得られない。避難生活は長引く。さまざまな不便と強いストレスの継続は人々の心を苛《さいな》む。不満は攻撃と無秩序を生みかねないし、弱者が忘れられる恐れがないとは言えないのである。

老人福祉施設や介護福祉関係は組織的に介護福祉士などを派遣し始めている。社会福祉協議会も動き出した。今のところ専門家中心だが、これから人手はまだまだ必要になるであろう。

今後支援が拡大し、復興が進むにつれて多くの難問に悩まされることになる。その中でも最大の問題は原発放射能漏れの制御と復興財源であろう。それでなくても国は財政難。復興資金など今後想像もつかないような財源の重圧は、わが国経済の未来に暗い影を落とす。そして原発事故制御の成否はわが国の未来をも左右する。

大都市のほとんどが焼け野原になった敗戦直後を思い出す。節電や増税など我慢や負担を強いられることも多くなるであろう。国民一致結束して痛みを分かち合い、救援と復興に力を尽くすべきではないか。われわれはそれができる。願わくはこの文を目にされるころまでに原発事故の制御を祈りたい。

待ったなし社会保障改革

２０１１／８

東日本大震災の復旧・復興に明るい兆しは見えず、原発事故の暗雲が垂れ込める中で、政府の「税と社会保障一体改革」案が公表された。財政難の中、前政権時代から改革が求められてきたにもかかわらず、先送りされてきた難題への処方である。混迷する政局の過程で議論がどこに到達するか不明だが、国民に安心を与える持続可能な社会保障制度の確立は焦眉《しょうび》の急なのである。

社会保障改革が人々の関心を呼ぶようになったのには幾つかの前提がある。一つはわが国の借金財政、二つ目は少子高齢化の進行、三つ目は社会福祉需要の拡大である。

財務省の資料によれば、日本の債務残高は９２４兆円（平成22年3月末現在）であり、本年度末には１０００兆円を超すだろうと予測されている（震災復興のための国債発行は含まれていない）。国民１人当たりにすれば７２２万円の借金である。この数字だけをみると今話題になっているギリシアやイタリアよりも財政事情は悪い。国債の格付けも下がった。毎年、公債発行（今年は税収より多い）という借金によって国家財政を賄ってきた付けなのである。

一方、財務省は国債債務残高増加の要因として社会保障給付費（１０５兆5千億円）の重圧を挙げる。わが国の社会保障は現役世代の負担によって支えられている部分が多い。少子高齢化は負担者の減少と社会保障給付費の増加を意味する。年金も介護保険も、後期高齢者医療も多くの税金が投じられている。高齢者率の拡大は負担と給付の差を急速に広げており、国債による借金によってその乖離《かいり》を埋めてきた。さらに団塊世代の高齢化はその乖離に拍車をかけようとしている。

改革を先送りしてきた主な争点は何であろうか。それは①国民の負担増②医療や年金の給付抑制③既得権の削減④分かち合い、などに対する是非に政治家は及び腰であり、国民につらい選択を提示するのを恐れたからではないだろうか。改革案はかなり具体的にその争点に触れている。負担増の最たるものは消費税アップである。政治家にとって消費税アップは鬼門である。医療の窓口負担アップや年金減額も（高所得者であっても）投票行動に影響する。厚生年金と共済年金の一元化、年金支給開始年齢の引き上げ、専業主婦年金などは負担増になる人や、これまでより不利になる人に反発を引き起こしかねない。だからといって「社会保障やサービス給付はもっと手厚く。負担増はけしからん」の理屈だけで制度は持続できなくなった。分かち合いの議論を喚起しなくてはなるまい。景気の低迷の中でどの国も社会保障水準の維持に悩んでいる。少子化、低所得対策を含め社会保障改革は国民世論に関わっている。

大震災とボランティア

2012／1

東日本大震災発生から早くも9カ月になる。昨年4月号で復興の行方と原発事故の制御・放射能汚染の拡大についての憂慮を吐露した。

まだ集積されたがれきは放射能の風評被害もあってか処理に手間取り、復興への歩みも遅々として、生活の不安は尽きない。とくに放射能の汚染被害はどこまで広がるか分からない。見えない健康不安と先祖代々の土地を失う人々の悲しみは想像を絶するものがある。

この悲惨さをどう乗り越えるか。津波・原発の惨状を目にしたわれわれは人ごととは思えなかった。自分の痛みとして、何かできることはないかと手を差し伸べた。義援金はもとより全国から駆け付けたボランティアは85万5千人（23年11月20日現在、全社協発表）を数える。救命、生活支援、がれき処理など緊急援助は一段落したものの復旧・復興はこれからである。

地場産業の回復はもとよりだが、日常生活上の困難・不安はこれから多様なニーズとなって表れてくるに違いない。福祉ニーズの増大である。施設・設備は損壊、行政機能は多忙を極め、既成制度は新しい福祉需要に対応できない現実はボランティアに対する期待を大きくしていると思われるのである。

ボランティアとは「さまざまな生活上の困難を抱えた人に対し、主体的に援助の手を差し伸べる人たち」のことであろう。そこには同じ生活者として痛みを共感し、ともに悩み苦しむ心がある。しかしボランティア活動の意味するところは、単に制度や行政の行き届かないところをカバーするだけではない。ニーズ充足に尽力する過程で制度や政策の矛盾・歪みを実感し、活動そのものが新しい制度づくりの説得力になっていく。狭い専門的意識、縦割り制度の枠を超えた実践は深い福祉の意味を人々に問うことになる。

　その活動拠点がボランティアセンターである。震災発生当時、幅広い援助要請と押し寄せた善意を調整するのに戸惑った。ボランティアセンターの活動があって行政、ボランティア、現地の人々との協働が可能になる。そこで悩みを共感し、かゆいところに手が届く援助になっていくのである。さらにこれらのセンターは連携して問題解決に当たり、新しいまちづくりの発信源にもなっていく。

　筆者の属する北海道社会福祉協議会は33人（延べ）、市町村社協も１３３人の職員を被災地災害ボランティアセンターに派遣した。これからも既成の制度の立て直し、新しいニーズの充足に息の長い援助が必要になると思われる。しかし月日の経過とともにボランティアの数は急減している。まだまだ震災の傷は癒えていない。震災被害への関心の風化を恐れる。おそらく放射能被害は風評被害を含めて拡散するであろう。現地の人の痛み、悲しみをまだまだ忘れてはいけないと思う。

迷惑施設はやっぱり嫌か

――がれき処理受け入れ拒否から思う

2012／5

大震災後のがれき処理が遅々として進んでいないという。ごみ処理は地元で解決するのが原則だが、あまりにも量が多いのと、連帯して復興を支援するとの意味合いから広域処理を政府は各自治体に依頼している。しかし放射能汚染の恐れを抱く住民の反発は強く、処理受け入れを承諾する自治体は多くない。

政府は放射能汚染のないがれきを処理してもらうのだというが、反対住民は政府を信用しないのか納得しない。いち早く受け入れを表明した静岡県三島市の状況をテレビ報道で見た。市長はあの苦悩を手助けしなくてはとおっしゃっていたが、反対の人のけんまくは激しかった。市長の言うように放射能の汚染がなく（不安なら自治体で測定すればよい）処理施設に余剰能力があれば、ボランティアや義援金のように助け合うことは自然の情だと思うのだが、反対があれば自治体として受け入れは難しくなる。

反対派住民のこわもてに、かつて道立総合相談所施設建設反対運動に関わった時の状況が二重写しになった。反対理由として障がい者(児)が出入りするから地域の平安が侵されるとの主張があったが、障がい者施設の建設に都会では地元住民の説得に困難を極める。今はあまり聞かなくなったが、高齢者施設建設ですら反対された（参照・日高登著「老人ホーム日記」朝日新聞出版）。

われわれの社会生活を維持していくためになくてはならない施設がある。その中には共同体としては必要なのに、直接の利害関係者から迷惑がられる施設もある。

自分の住む地域近くにきてもらいたくないと反対運動に遭った施設にどんなものがあるのだろうか。いま言った福祉関係以外では、精神病院、刑務所、ごみ処理施設、火葬場などで、嫌がられるがどれも社会生活になくてはならない。その反対理由は施設によって若干の違いがあるが、総合相談所建設に反対したM町内会長名の理由をみれば共通した反対の動機がおおよそ読み取れる。それは①生活の安全が脅かされる②環境が悪くなる③不動産評価が低くなる④交通の危険が増大する、などである。説明しても誤解と偏見はなかなか解けない。ある自閉症児施設建設反対運動では、親の会の懸命な説明とお願いに対して「嫌なものは嫌なんだ」との発言もあったと聞く。

もちろん、がれき処理施設と福祉関係施設の問題を同列に論ずることはできない。しかしその嫌悪感情の基底には、共通の偏見と利害関心が読み取れる。地方主権の政治は住民の主張を尊重する。社会生活を進める倫理には国家、共同体（自治体）、家族・私的領域の三層構造が考えられるが、私的利害関係中心の心情を理性的に公共や共同体に向け、社会の在り方を考えていく努力が求められている。それは福祉、がれき、原発の問題を通じて新しい社会を目指す再学習である。大震災は私たちのエゴを試しているように思われてならない。

消費税増税 ― 一体改革の行方は？

２０１２／９

民・自・公三党合意で「税と社会保障の一体改革関連8法」は、ようやく8月10日の参議院本会議で可決成立した。与党内の争い、解散を巡る政局、一体改革の曖昧さを残しながら、増税だけは決着した。２０１４年に８％、15年に10％となり、生活を直撃する。

しかし、社会保障や福祉サービスの充実はそのための財政的措置が必要だ。高度経済成長期は経済成長による税収が確保できたから、それに見合った福祉制度の拡充が可能であった。１９９０年代から景気が低迷する。税収が減っても福祉需要は減ることはない。とくに急速な少子高齢社会は、医療・介護・年金の需要拡大を加速させてきた。社会保障・福祉を含めて公共サービスの需要に対する財政的不足は、もっぱら国債・地方債などに頼ってきたのである。景気の低迷は国のみならず地方自治体の財政を圧迫している。財務省の資料によれば、長期債務残高は国と地方合わせて国内総生産比１９３％（12年末予測）にもなる。この借金地獄は、いまユーロ圏の債務危機で問題になっているギリシアやスペインより大きい。日本国民の個人資産が１４００兆円もあり、この借金は国内資産で賄われているから暴落の危険はないとの意見もあるが、借金は返さなくてはならない。

国の予算（12年度）に占める国債費（国債の利払いと償還）が21・９兆円。社会保障費は26・４兆円で、毎年１兆円規模で増え続ける。

これだけで国の予算90兆円の半分を超え、国の財政を圧迫する要因になっている。だから財政再建のためには、さらなる増税が不可避との意見もある。こう考えてくると、一体改革の詰めの前に増税を急いだ意味が読めてくる。

では一体改革の内容は？　民主党は増税成立のために自・公案を大幅に取り入れざるを得なかった。新年金システム・最低保障年金は諦め、簡易な給付措置に縮小。その具体策や低所得者のための給付付き税額控除、軽減税率の導入、所得税・相続税の税率変更などは「社会保障改革国民会議」へ委ねられた。

決まったのは、共済・厚生の年金一元化、年間所得が年金を含め77万円以下の人に支給する「年金生活者支援給付金」の創設、非正規雇用者の厚生年金加入拡大のための加入条件の緩和、年金受給資格期間の短縮などである。子育て支援として注目された「総合こども園」の創設も、担当府省の一元化は決まったものの、従来の認定こども園の枠組みにとどまった。その他残された問題や制度の具体化は国民会議に委ねられるというが、その在り方も曖昧である。総じて当初案から後退した。

改革をこのままで終わらせるわけにはいかない。政治レベルは国民のレベルでもある。国会は「近いうち」解散風が吹いている。われわれ国民も社会・経済の変化から挑戦されているのである。

老いて、新年に何を願う

一年の計は元旦にあり。子どものころ、目標は大きかったが実行は三日坊主。現役の時は仕事の枠組みを消化するのに懸命で、他の願いを新年の祈りに託す余裕はなかった。現役を離れて新年の祈りは変わった。

年を取るということは、組織の桎梏《しっこく》から解き放たれることである。定年とはそういうことだろう。日常生活ががらりと変わる。会社という甲羅をかぶって適応していた生活から、毎日が日曜日、主体的に生きなければならない。他者の枠組みから自由になる代わりに、当たり前だが自分で自立を考える。まず直面する生活課題に適応しなければならない。その上での自己実現である。高齢者の生活課題とは何か。私の場合、5年前にがんを患ってから強く意識するようになった。

年を重ねることは死への歩みである。80歳を過ぎてから心身の虚弱化を感ずるようになった。死ぬ間際まで元気でいたい。どうしたらよいか。生活のリズムを保つ。食事は3度、バランスよく雑食する。週3回以上の運動を続ける。飲酒は控えめに。教科書的だが持続がカギである。私の弱点は高血圧症と酒好き。これを克服することが第一の課題。

第二は社会的役割の変化への対応である。現役から離れると社会から期待されなくなる。そのままだとぬれ落ち葉（男の場合）か引きこも

2013／2

りになる。自分で日常生活の設計が必要だ。日課を作り、週間計画を設定する。スポーツや趣味、読書、ボランティアなど、これまでの経験を生かして社会と交わることが必要。私の場合、スポーツは健康維持。趣味とボランティアが社会とつながり、生きがいになっている。

それはまた孤独からの脱却の方法でもある。長生きすると知人友人の死に直面する。私は昨年、親友に次々に逝かれてしまった。妻にも早く死なれている。つらく悲しい。反面、老後の生き方、自分の死にざまを考えるようになった。悲しみを消すことなんかできない。天から与えられた生命を大切に、心豊かな生活を維持する努力が孤独を救う。最後は従容《しょうよう》と死にたい。これが第三の課題である。

第四は合理的経済生活である。欲求を充足し、生活を維持していくためには、そのための収入が必要である。年金に頼る人がほとんどであるが、それ故に貧しい老後も多い。さらに2%インフレ政策、8%消費税増税は低所得層に追い打ちをかける。低い年金と長寿は貯蓄の減少に拍車をかける。収支のバランスが崩れれば、新年の願いなど、はかない祈りになってしまう。生活の下支えは政治の役割である。社会保障の改革に注目したい。

高齢者の生活にとって、健康と家計の管理は基本要件である。その条件の下での課題や目標設定となろう。私は昨年幸運にも病気と無縁であった。また、趣味やスポーツの学習効果も実感できた。今年の願いはその継続と、若い人との共同研究の成就である。

エイジズム・虐待の増加を憂う

2013／6

「母さん助けて詐欺」が話題になっている。高齢者の注意を喚起するために考えた標語だというが、「おれおれ詐欺」と同様、高齢者の孤独や不安、判断力の弱さに付け込んで金銭をむしり取る新たな詐欺の手口がまん延しているという。

筆者のところにもかつて同様な詐欺電話がかかってきた。所属するサークルの高齢者に聞いてみると、かなりの人がおれおれ詐欺的電話を受けていることが分かった。でもだまされてはいない。身近な人に相談したり、電話の内容そのものに不審を抱いて、事なきを得ていた。詐欺の被害者は普通に暮らす裕福な高齢者であるが、一人暮らしや相談する人（身内を含めて）がいない人、社会的交流の少ない人が危ないらしい。

お年寄りは「老いぼれ」なる差別語で表現されるように、「病弱である」「能力が劣る」「判断力が鈍い」「家族の重荷になる」などのステレオタイプで捉えられがちだ。実際に扶養や介護が必要になれば厄介視、迷惑感を生み、社会的不利益や社会的排除につながっていく。それがエイジズム（年齢差別・特に高齢者差別）であるが、詐欺には現代高齢者の社会的弱さと孤独を背景に、だまされやすい高齢者像がある。だまされるのはまだ元気な高齢者である。より虚弱化し扶養や介護が必要になると差別はもっと深刻化する。それが高齢者虐待である。

　助けて詐欺は「だまし」だから高齢者の判断部分が残っている。虐待は強者の弱者に対する一方的な差別行為であり、閉じられた家庭や介護の場で起きる差別だけに表に現れにくい。


　増え続ける虐待を防止すべく平成18年に「高齢者虐待の防止・高齢者の養護者に対する支援等に関する法律」が施行された。この法律は全国の市町村から虐待対応状況の報告を受け、養介護施設従事者と養護者に分け、その実態を明らかにしている。23年度調査によると、北海道では施設・事業関係で虐待の事実が認められたのは6件のみであった。養護者による虐待の事実は４８０件もあり、身体的虐待が45％と最も多く、以下、心理的虐待26％、経済的虐待16％、介護等放棄14％、性的虐待０・３％（複数回答）と続く。全国の虐待件数は１万６５９９件。虐待類型は同じ傾向を示している。

　介護保険制度以後、虐待防止策は整備されてきた。それでも虐待は増える。防止法に現れた数字の背景にまだまだ見えない虐待が想像される。虐待の原因として、高齢者とのこれまでの人間関係、認知症や要介護度の重さ、長引く介護の疲れ、親族の無理解、経済的困難などが考えられるが、虐待した養護者の25％しか虐待の自覚がないという（15年医療経済研究所調査）。介護や虐待防止の政策も地域社会の人権意識によって公私の差別防止機能は左右される。虐待防止には施策の拡充と同時にわれわれの差別認識や人権意識が問われているのである。

健康の基、栄養は大丈夫ですか

２０１３／１０

　新設されたサービス付き高齢者向け住宅（以下、「サ高住」という）のレストランで地域住民にも食事提供をしていると聞いて行ってみた。昼食のみ、メニューは日替わり定食とサラダ・スープ・ドリンク付きパンセット（数量限定）だけだったが、サ高住の食事を基本にしているそうで、その日の定食・チキン南蛮の肉は柔らかく、塩分少なめでおいしかった。２週間分の昼食メニューが予告されており、ナシゴレン、特製エビカツ、ひれカツ、鶏照り焼き、特製焼うどんなど、私の台所メニューの枠を超えるものばかり。また明日もと思わせた。これがすべてワンコイン（５００円）である。広いスペースに黒茶色のテーブルと椅子が90脚ほど。家族連れが３組、女性グループが１組、そして居住者とみられる高齢者が４人、静かに食事を取っておられた。まだサ高住の居住者は30人ほどとのこと。居住者の朝、夕の食事は利用契約に含まれるが昼食は自由で、居室のキッチンで作られる方も多いとのこと。昼食は圧倒的に一般の人が多いようだ。朝夕も居住者のメニューで食べさせてもらえるのかと聞くと、それは居住者に対するサービスが中心でできないという。

　私ごとで恐縮だが、20年前、妻に先立たれた。高齢者の独り暮らしで大切なのは健康の維持である。健康あってこそ自立が可能になる。健康に最大の影響を与えるのは栄養管理であることは言うまでもないであろう。環境激変の中で、私は毎日3度の食事に最も努力を強いられた。いまではレシピを見て好みのものを作れるようになったが、当時は慣れないことに億劫《おっくう》になり、外食に頼ることが多くなった。ついつい居酒屋定食を求めた。外食は味が濃い。好みによる選択で栄養が偏る。酒量が多くなる。さらに本態性高血圧の持病もある。自ら健康の危機を感じたが、お子さま向けランチはあっても高齢向けの食事を用意しているレストランはない。生活習慣病に対する料理は私の能力を超える。そこで近所の施設のデイサービスで同じものを食べさせてほしいと頼んだができないと断られた。高齢者関連施設では治療食、介護食も配慮していると聞く。介護保険対象でなく、元気であってもメタボや糖尿病、高血圧の人は栄養バランス、減塩、カロリーの管理が必要だ。あのサ高住の昼食利用度をみると、隠れた需要は多いのではないかと思う。

施設の利用者のサービスをおろそかにはできないが、何とか利用者の利益を損なうことなく、施設経営にも役立つような食事サービスの社会交流はできないものだろうか。それをやってはいけないという規制はないという。高齢者同士の楽しい食事で、健康が維持できれば介護予防の一助になるであろうし、ひいては社会保障財政の軽減にも大きい影響を与えると思うのだが。

孤立死から見えるもの

ここ5、6年、孤立死の悲劇がマスコミをにぎわすようになった。「姿が見えないと思っていたら、死亡していたなんて」「死後数カ月とみられる。ミイラ化した遺体」「異臭に気付いたアパート住民の通報により発見」「身寄りが分からず、行旅死亡人として埋葬」など。孤立死の定義は厳密ではないが「誰にも看取られず死亡し、死後一定期間がたって発見された死」というのが共通認識である。

独り暮らしをしている限り、孤独死の可能性は否定できない。しかし血縁から離れ、地縁を絶ち、離職や退職によって社縁・職場縁を失い、無縁者の道をたどると、自ら引きこもるか、社会から排除される状態を生み出しかねない。とくに少額の年金、長命化によって貯蓄を使い果たしたとき貧困に直面することになる。さらに老化は病気を誘うが、貧しさは治療に我慢を強いかねない。そして社会関係を絶たれたままの死は、人間の尊厳死とは程遠い状況を示すのだと思う。社会から見捨てられた孤立死は必ずしも高齢者に限らないが、圧倒的に独り暮らし高齢者の生活にこの危機は潜んでいる。

われわれは健康で働いているときは自助を基本に生活するが、互助や公助の支えで安心の生活を確保する。自助能力（健康、必要な収入・社会関係）が十分なときは独り暮らしも自由で自立した生活を享受できるが、それが欠けたときの危機を孤独死は物語っているように思うの

2014／3

である。

これからわが国の高齢化はさらに進む。国立社会保障・人口問題研究所の将来推計によると、高齢化率は平成25年の25％から37年には30％になり、50年後には40％に達するという。高齢者単身世帯数の将来推計は見当たらないが、国民生活基礎調査によると、平成10年に272万世帯であったものが23年までの約10年間に470万世帯、1・7倍に急増している。高齢者夫婦世帯数も同様に271万世帯から460万世帯に急増している。今後もこの傾向は続くであろう。

この家族形態の変化が地域社会の解体の中で孤立死に結びついているとしたら、オリンピック招致に夢中になっているほど経済的に豊かな国としては情けない。東京都23区内では年間2000人程度の孤立死・孤独死があるとの調査報告（㈱ニッセイ基礎研究所）もある。

オリンピックの2年後、団塊の世代は後期高齢者に参入し始める。孤立死からみえる高齢者の悲鳴は、地縁・血縁を失った大都市ほど深刻である。孤立を防ぐ新しい地縁（やさしい地域社会）の形成、介護・包括支援、居宅自立支援、貧困救済、権利擁護など社会的孤立を防ぐ手立ての構築を急がなくてはならない。

どうする消滅予想の市町村

2014／7

「この30年間にあなたの町がなくなるかもしれない」。全国の市町村1800のうち896自治体、49・8％がそんな危機に直面している、と日本創生会議（座長・増田寛也）の研究は指摘した。北海道の農漁村はどこも急激な人口減に悩んでいる。経験的には肌で感じていたことだが、リアルに数字で「消滅可能都市」と示された市町村の衝撃は大きい。

人口減少は出生率の低下と社会移動で起こる。2014年の合計特殊出生率は1・4。人口増は2・1以上でなければならないから、このままだと人口は減り続ける。さらに減少に拍車をかけるのは地方から都市への人口移動である。この50年人口は農山村から地方の中核都市へ、そして東京へと移動した。

創生会議の研究は人口の再生産力である若年女性（20歳から39歳）が減少し続ければ、人口が低下する事実に着目した。合計特殊出生率を1・8まで上げる（希望出生率）と仮定し、さらに2010年から15年の間の人口移動がそのまま続くと想定して、各市町村の人口減を推計している。

合計特殊出生率が2以上に上昇したとしても、若年女性の減少が5割を切ると人口維持は難しい。希望出生率が1・8であり、実はそれもおぼつかないから、人口減は危機を迎える。2010年から40年までの間に若年女性が5割以下になる自治体数が896、いわゆる消滅の可能性を示しているのである。北海道は驚くなかれ78％の市町村がその範囲に入っている。それは産炭地や過疎地だけではない。道内の人口を吸引している札幌市の隣接都市（江別市、北広島市、当別町、南幌町）も例外ではない。1960年代から造成された大団地が老化したということだろう。それは大都市の中の団地の未来でもある。

既に過疎はわれわれの社会生活にさまざまなひずみを見せている。人口の高齢化、医療・介護の資源・サービスの地域格差、雇用の場の偏り、生活維持機能の衰えなどはその一例である。若者は就労の機会を求めて、年寄りは医療や介護の社会資源を求めて都市に向かうが、都市もインフラストラクチャーの劣化、福祉需要の急増に悩んでいる。東京は2020年オリンピック開催で喜んでいるが、その2年後、団塊の世代が後期高齢者になり始める。高齢者の急増は、医療・介護の需要が喫緊の課題となる。しかし、その問題解決のための長期戦略は立てられていない。

日本創生会議は人口急減社会に歯止めをかけるべく、「ストップ少子化戦略」、「地方元気戦略」、「女性・人材活躍戦略」の策定と推進を提案している。国と自治体は直面する不都合な真実から目をそらさず、新たな社会を創造する知恵と価値観が問われている。対策は急を要するのである。

（参考　増田寛也「消滅する市町村」「ストップ「人口急減社会」」＝中央公論6月、五十嵐智嘉子「未来日本の縮図・北海道再生への「地域戦略」」＝中央公論7月）

健康寿命から何が見えるか

２０１４／１１

厚生労働省発表によれば、９月15日時点で、１００歳以上の高齢者数が５万８８２０人（女性５万１２３４人、男性７５８６人）に上ったという。もちろん平均寿命も延びた（女性86・61歳、男性80・21歳）。長寿は喜ばしいが高齢になればなるほど老化は進み、病気がちになる。でも長患いせず、元気に長生きしたい。ピンピンコロリ、死ぬ時まで元気で、安らかに往生を遂げたいというのは長寿者の願いである。

ＷＨＯの造語だが、健康寿命という考え方がある。健康とは病気がなく「身体的、精神的、社会的に良好な状態にあること」と考えられているが、高齢者は老化による心身機能の低下や生活習慣病などを持っている人が多い。全く良好な状態を基準にして、健康寿命を考えれば短命になるであろうが、多くの高齢者は老化や病気をコントロールして自立している。

「健康日本21（第２次）の推進に関する参考資料」（厚労省）によれば「日常生活に制限のない期間」を健康として健康寿命を算出している。最新（２０１３年）の健康寿命は、女性74・21歳、男性71・19歳である。平均寿命から健康寿命を引いた差（女性12・40年、男性９・02年）が、病気や介護を受けている平均的期間と考えられる。国の施策「健康日本21」は、この差を縮めることを目指している。

健康維持は高齢者の生活の質を高める基本

的な条件であるし、国家レベルでは国民医療費や介護保険の負担を軽くする。２０１３年度の国民医療費は41・8兆円、その40％は高齢者の医療費であるという。そして２０２５年には、54兆円にも増えるだろうとの推計もある。介護保険の介護費用は制度発足の２０００年の３・６兆円に対し、２０１３年には９・４兆円まで需要が拡大した。

この傾向が続けば高齢化の進行は、国民医療費や介護保険給付の財政に暗い影を落とす。社会保障の持続的発展のためにも、健康寿命を延ばすことは、国や自治体の重要な政策課題になっているのである。

例えば、健康寿命日本一の静岡県では、①豊かな食生活、運動、社会参加を健康促進の基本として、３人一組の仲間集団で励まし合うプログラムの推進②健康地図の作成による地域健康（メタボ、食生活など）の視覚化③市町村別健康寿命の「お達者度」の視覚化、などを行っているという。個人の健康は、各自が努力しなければならないことは当然である。しかし、独りではなかなか長続きしない。仲間づくりで励まし合い、その成果の視覚化は動機づけへの効果的刺激になることは疑いないであろう。

健康は個人因子と環境因子の関数である。健康促進の環境整備の重要性はもちろんだが、健康を害する汚染された環境や、社会の歪《ゆが》みに目を向ける必要がある。健康促進は、汚染された社会の在り方を見据える視点にもなると思うのである。

後期高齢・老いの設計

2015／4

老年期には誰でも通らねばならない発達・生活課題がある。もちろん生活機能には個人因子、環境因子が絡み合って個人差はあるものの、老いの過程で誰しも適応が迫られる。

それはふつう定年退職から始まる。定年は社会的役割を変え、年金中心に合わせた生活が求められる。会社や役所の枠から外れて、主体的に生活リズム、システムを組み立てなければならない。家に居る時間が長くなれば、夫婦の呼吸も違ってくるし、社会関係も変わってくる。会社人間から、地域の生活へ、そして社会の急激な変化は老後の社会適応を難しくしている。男の場合戸惑いを隠せず家で妻にまとわりつく濡れ落ち葉にならないとも限らないのである。

老後も後期高齢者になると、心身の虚弱化に加えて、友人、知己、配偶者の死に直面する。独り暮らしになればなおさらのこと己の孤独を見つめ、要介護と死の状況に想像をはせることになる。

私事で恐縮だが私を例にしよう。この3月、85歳になった。児童期は虚弱であったが青年期から病弱を脱した。長生きしたものだ。63歳の時に妻をがんで亡くした。医師に死亡時期は予告されていたが、ショックと悲しみで茫然《ぼうぜん》自失、生活は乱れたが、1年ほどで立ち直り仕事に没頭した。

定年後は独り暮らしを良いことに、請われるまま勤務地を3度変え80歳まで現役を続けた。健康状態は76歳の時、前立腺がん発症、全摘手術を受けたが予後は良好である。本態性高血圧の持病を抱えるが、薬でコントロール、健康体と同じである。がん手術後、栄養に注意、週に3回はスポーツに心がける等、健康を維持している。しかし昨年は老化を自覚させられた。春に老人性白内障の手術。秋には老人性難聴の診断を受け、補聴器を離せないようになった。日常を振り返れば、体力の衰えは目立つし、物忘れも甚だしくなった。悲しみも多くなった。昨年は2人の友人を失った。長く生きるということは孤独に耐えるということでもある。

健康であれば老後もまた楽しいと、孤独を思索の時に変え、スポーツ、趣味に独り暮らしの自由を享受してきた。しかし友人の死から、死の準備に思いが行く。「体が動かなくなったり、認知症になったときどこでどんな介護を望んだらよいか」、「任意後見、尊厳死の希望をどうかなえるか」、「死後の思いを託する遺言状をどう作成するか」など、思案を巡らせている。知人に死の話をすると「まだまだそんな元気で、百まで大丈夫でしょ」と話の腰を折られるが、どんなお迎えが来るか神のみぞ知る。誰でも死は免れないのだから、準備は明るく、死をめぐる家族関係など話を深めた方が良いように思う。無縁社会、老人漂流社会、無縁墓が語られる社会なのだから。

オリンピック — そのとき東京の高齢者は

２０１５／８

新国立競技場建設の迷走がマスコミをにぎわしている。この建設費をめぐっての国会質疑で、安倍首相・下村文科相は、批判があってもデザインを含めて変更しないことを明言していた。その理由はデザインの国際公約やオリンピック１年前開催予定のラクビーワールドカップに工期が間に合わないということであった。

それなのに突如安倍首相はこの計画を白紙に戻した。あれだけ堂々と「批判があっても修正などしないぞ」と言っていたのに、あの確信は何だったのか。

安保関連法案の強行採決で内閣支持率急低下の歯止めを策した決断ではないかとのマスコミ論調もあるが、過ちを正すにはばかるなかれ。まずは妥当な判断だったのではないか。それにしても計画はあまりにもずさん過ぎた。

競技場建設費はオリンピック招致当初１兆３０００億円であった。それが３０００億円になり、批判を受けて最終発表は２５２０億円になった。ロンドンは６５０億円、北京は４３０億円の建設費だったというから世論は沸騰した。政府はオリンピックの旗を立てたら国民は何でも受け入れてくれると思ったのかもしれない。

それにしても驚いた。オリンピック・パラリンピック組織委員会会長の森元首相は記者会見で、「競技場建設費の２５００億円はレガシー（遺産）として世界に誇る競技場なら了解可能ではないか」と言い、招致時７３４０億円だった開催費用は2兆円を超えるであろうという。各種競技会場の整備を含めまだまだ予算は膨れ上がることが予想されている。

オリンピック・パラリンピック予算と社会保障費は関係ないのだけれど、気楽にどんどん膨張するオリンピック関連予算を突きつけられると、常にミニマムな基準でサービス供給を余儀なくされる福祉の貧しさに心が行く。

例えば2015年、東京都の高齢化率は23％を超える。今後、後期高齢者は急速に増え続け、2025年には団塊の世代がすべて後期高齢者である。当然、医療・介護のニーズは噴出する。その需要に対するサービス供給不足が心配され、地方移住を勧める政策まで提案されている。

首都圏は施設整備にお金がかかり、介護人材が得られないのだという。これがオリンピック開催準備の陰で膨れ上がる「首都圏高齢者危機」の現実である。それだけではない。格差、貧困、独り暮らし、無縁、孤独死など都市病理は拡大し、社会保障費も年々増加している。

日本は借金で財政は苦しい。わが国の債務は国・地方あわせて1000兆円を超えるという。財務省は財政再建の一環として社会保障改革を進めている。給付抑制や自己負担増は理解しなければならないが、不可解な国立競技場の建設費・膨大な整備費、開催費用を示されると財政危機を忘れたオリンピックに日本の危機を感じてしまうのである。

参加と平等を福祉の軸に

2016／1

今年は「国際障害者年」（1981年）から35年目に当たる。障がい児・障がい者は歴史的に、古くは殺害・遺棄さえ行われていた記録がある。現代になっても優生保護の思想と共にヨーロッパのいくつかの国（スウェーデンやデンマークでも）では妊娠中絶や断種の対象になった。ナチス・ドイツは1933年断種法を制定しているし、第二次大戦中精神障がい者の組織的殺害を行っている。わが国でもナチス・ドイツにならって1940年国民優生法を制定して、障がい者の断種を計画していた。

戦後リハビリテーションの思想と技術が導入され、障がい者の能力開発に進展が見られたが、生活環境や職場環境に適合できない重度の障がい者は排除され、大きな施設への隔離と保護が福祉の常識となっていた。

国際障害者年はその常識に翻意を促した。「障がいは心身の生理的機能の損傷にのみ目を向けるだけでなく、社会との関係で考えるべきである」「障がいは社会から担わされた不利益である」などの障がい概念は障がい者の社会参加を拒むいろいろなバリアを意識化させるようになった。それまで障害の克服の名のもとに、生理的機能の回復の訓練に主眼が置かれてきた医学リハビリテーションから、障がい者の前に立ちはだかるバリアを除く配慮と共に適応を考える社会リハビリテーションへと視野が広がるようになったのである。
心身機能が損傷したり虚弱化したとき、どんなバリアが出現するのであろうか。それは①物理的②制度的③文化・情報④心理的の四つのバリアだと言われる。平均的生活人にとって必要な社会生活の道具立てが障がい者の立場に立てばバリアとなることが多いのである。

国際障害者年のスローガンは「完全参加と平等」である。以後厚労省は「国連障がい者の10年」「ノーマライゼーション7カ年計画」「障がい者雇用率のアップ」など政策的に参加と共生社会の推進を図ってきた。全ての職場環境に職業性能を生かす「合理的配慮」があればもっと雇用率はアップし、社会参加はすすむ。また地域の偏見や差別が反省され、さらに在宅ケアの制度が整備されれば、重度の人でも地域での普通の生活、そして社会参加が可能になるのである。

この思想は福祉施設の援助の在り方を変え、地域福祉の大きい流れを作り、高齢者の福祉に強い影響を与えてきた。高齢社会の社会福祉は排除されがちな高齢者の社会参加と平等が課題になる。働ける、そして働きたい高齢者の一律定年退職は社会的損失ではないかとの声がある。技術継承のため、また生きがいのためにも合理的配慮が必要であろう。また介護が必要になった高齢者の社会的介護の環境整備もノーマライズすることを忘れてはならない。平等と機会均等は心理的バリアが左右する。わが国の高度経済成長を支えたかつての企業戦士に生活の不安や失望を与えてはならないと思うのである。

首都圏高齢者・地方移住構想にどう応える

２０１６／５

今わが国のスポーツ界はリオ五輪出場権獲得をめぐる競技会で盛り上がっている。４年後は夏季五輪・パラリンピックが東京で開かれる。

オリンピックの商業主義と暴騰する開催費に批判もあるが、五輪開催招致への競争は激しい。東京開催決定の喜びもつかの間、当然のように予定をはるかに超える国立競技場の莫大な建設費や開催費用などが明らかになった。財政難で行政費用が切りつめられる中で示された、このかさ上げ計画に人々の目は厳しかった。

東京招致の喜びの陰に隠れているが、時を同じくして首都圏には2つの危機が予想されている。それは何時襲ってくるかもしれない直下型地震と高齢者問題である。もし東京が熊本並みの地震に襲われれば、人口規模からいってもその被害は熊本の比ではないであろう。

一方２０２０年、首都圏の高齢化率26％。２０２５年には団塊の世代がすべて後期高齢者の仲間入りをする。そのとき首都圏の後期高齢者は５７２万人に達し、２０１５年の３９７万人から１７５万人増加する。全国の増加数の３分の1を占めるという。

高度経済成長期、地方から都市への若者の移動は家族や地域社会の解体をも促進したから、社会的「きずな」を失う人も増えた。

国民生活基礎調査によれば、２０１４年、高齢者全世帯のうち、一人暮らし25・３％、夫婦世帯30・7％にもなり、都市の大規模団地などでは孤独死が急増している。そして長命は虚弱化とともに貧困ももたらしているのである。

今首都圏では防災・減災への準備はもとより、高齢者の貧困や介護需要に早急な対策が求められている。東京都をはじめ、関係各県は対策を進めてはいるが、急増する医療・福祉需要に応ずるには社会資源が不足（たとえば土地代が高い、財政難）し、問題の解消には追い付かない。

これらの問題を検討している日本創生会議（首都圏問題検討分科会）は解決策として、米国のCCRC（注）をモデルに日本版CCRC構想（健康な生活と継続的なケアが受けられる地域づくり）を提案している。いわゆる首都圏在住の健康な高齢者の地方移住の勧めである。

しかし元気な高齢者も年を重ねると虚弱化は免れない。地方の高齢化率は一段落したとはいえ、現状の社会資源では継続ケアへの余力があるとは思えない。

福祉需要に応えるには、包括的援助に対する財政的配慮が欠かせない。財政が豊かそうに見えるオリンピックの準備の陰で遅れる後期高齢者の福祉。オリンピックは平和・健康・人権尊重を標榜する。

高齢者の不安をなくし、オリンピック・パラリンピックを祝いたい。五輪後、無縁社会、老人漂流社会、孤独死などが流行語にならないように。

参考　「東京消滅」（中公新書）

（注）CCRC：Continuing Care Retirement Community
（継続的ケア付き退職高齢者コミュニティ）

なお根を張る優生思想
――「津久井やまゆり園」事件に思う

2016／9

7月26日神奈川県の障害者支援施設、「津久井やまゆり園」で死者19人、重軽傷27人（職員、警備員3人を含む）に及ぶ、凄惨《せいさん》な襲撃事件が起きた。被害者は重度の知的障がい者で頸部《けいぶ》や胸部を刺され強い殺意が感じられたという。

植松聖容疑者は以前この施設で働いていた。施設利用者に対する差別や人権侵害が見られたことや、この施設を対象に具体的な障がい者の大量殺人計画を衆議院議長宛て手紙で訴えていたことなどの異常行動があり、施設との話し合いでも自己の差別的言動を正当化するなど反省がないため2月に退職となっていた。

警察の聴取でも「日本国の指示があれば重度障がい者の大量殺人をいつでも実行する」との持論を譲らなかったという。そのため、警察署から通報された地元相模原市は緊急措置入院を決定（3月2日、「大麻精神病」「妄想性障害」）したが、10日後には症状が消えたとの判断で措置が解除されている。

彼はなぜ障がい者の大量殺害を思いついたのか。個人の人格的異常に関心が向くが、彼の妄想の形成に社会の何が影響したのであろうか。

彼は入院中「ヒトラーの思想が下りてきた」

などの話をし、施設の同僚にも「重複障がい者は生きていても意味がない」と主張していた。それはナチス・ドイツの優生思想と同じだと指摘されても、信念を曲げなかったという。

ナチス・ドイツはアーリア人種の優位性と純粋性を保つため、そして国家の意思にそぐわない悪い遺伝子と経済的に負担となる個人を対象にして安楽死プログラムを実行した。重度の障がい児、精神障がい者、認知症等広い範囲の障がいが断種、殺害の対象となった。

こんにちでも障がい者は社会参加を阻む心のバリアに直面している。直接偏見を引き起こす因子は、「日常生活や職業場面での能力欠損」「標準的容姿からの異形」「文化の中にある理由なき嫌悪感」からくる負のイメージと考えられるが、加えて介護・援助などに関わる「依存の増大」「費用の増加」は社会的負担加重の懸念を呼ぶ。それが優生思想と結びつけば断種・排除、大量殺害ということになるのであろう。植松聖容疑者はこれらをヒトラーの国家理論で色づけた。

障がい者差別解消法、人権尊重は福祉の理念である。しかし、世間にはこの理念に反した優生思想や否定的感情が根を張っている。植松容疑者はその空気に汚染され、大量殺害への確信となっていったと思われる。

好ましくないと思う人たちとの共生を拒否、あるいは「社会的負担」のレッテルを貼り、排除する社会は恐ろしい。対象は恣意的に拡大するし、過度の競争とエゴイズムは差別を助長する。植松容疑者の確信はわれわれの心にも潜む。福祉社会への道はこの偏見・差別との戦いでもある。

新しい「まち」づくり、「シェア金沢」

２０１７／２

共生のまちづくりとして、いま「シェア金沢」（石川県金沢市）が注目されている。テレビに取り上げられ、総理大臣も視察に訪れたという。昨年11月、ノーマライゼーション住宅財団の人たちと共生の具体的デザインを学びに行った。Ｓｈａｒｅとは共有、分かち合い、分担などを意味する。「いろんな人と人が、そして人と仕事が自由につながって、共に支えあい、共に暮らす街、そしてみんなで幸せな街づくりを考える街」がシェア金沢であるという。

総面積１万１０００坪、社会福祉法人・佛子《ぶっし》園《えん》が経営する。南地区に本館・管理棟があり、そこにデイサービス（10人）、生活介護（10人）、訪問介護、配食サービスの在宅支援サービス部門が用意され、さらにレストラン、天然温泉も開設されて隣接地域の住民に解放されている。

中心地区にはサービス付き高齢者住宅（32戸）、学生向け住宅（８戸）と小農園、家庭菜園が配置されている。学生は月30時間のボランティア活動が課され、その代わり低家賃で入居できる。児童入所施設（障がい児30人）４ユニットは中央と東地区に置かれ、地域住民と自然に交流できるように考慮されていた。その東地区には児童発達センター、学童保育、グラウンドが、北地区には日常生活に必要な共同売店、音楽喫茶、カフェ、スポーツ研究所などが軒を並べ、住民参加のまちづくりとなっている。

西地区にもサービス付き高齢者住宅、学生向け住宅があり、アルパカも飼われていた。どの地区も周辺地域住民と自然に交流ができるように設計され、障がいのあるなしに関係なく子どもから高齢者まで、支えあい、共に暮らすまちづくりを目指しているという。

このまちづくりデザインは医療福祉建築賞、石川景観賞などを受け、日本創生会議が首都圏の高齢者問題解決の一方策として地方移住を提起する日本版ＣＣＲＣ（生涯活躍のまち）のモデルとも言われている。

ＣＣＲＣは米国発の高齢者コミュニティーで、米国には２０００カ所もあるという。30年ほど前、アリゾナのサンシティー（高齢者の町）で、高齢者だけのまちづくりに疑問を呈したら、シカゴから移住した方に大都市での高齢者の生きづらさを強く説かれた。

ちなみに障がい者のノーマライゼーションは大きい施設の隔離生活の反省から、施設の解体、さらに地域社会のバリアフリー化・共生社会の実現に向かっている。

シェア金沢に学べば、高齢者だけの考慮は安心安全を約束するかもしれない。しかし、いろいろ人が交流するまちづくりを考えなければ、隔離の町になる可能性があり、幸せのまちづくりには疑問符が付くと思うのである。

（注）ＣＣＲＣ：継続的ケア付き退職高齢者コミュニティ

高齢者の孤立化・貧困化は拡大している

２０１７／６

今住む団地に居住して50年になる。高度経済成長期、開発当時の団地は若者や子供が多く活気に満ちていた。今やわが町内は子供の影は消え、独り暮らし高齢者が増えている。生鮮小売店は閉じ、暮らしは不便になった。さらに要介護に対する支援は増大している。しかし地方の高齢者問題はピークを過ぎ、今度は大都市の高齢者の生活困難、特に大団地の孤立化、貧困化、要介護の需要増が話題になっている。

この10年、社会の変化は特に激しい。われわれはライフサイクルで定型的ないくつかの危機に直面し、克服することを要請されるが適応は難しくなっている。失敗すれば生活困難に陥り、何らかの支援を必要とする。若者と高齢者の例を挙げよう。

大人になって自立の要件は適職に就くことだ。高度成長期は正規職員に雇用され、結婚して標準家庭を築くことは普通だった。景気の低迷や企業間の競争は派遣労働や非正規職員の雇用を増やすことに変えている。正規職員との賃金格差は甚だしく、未婚率増加・少子化の原因にもなっている。日本企業は学卒一括採用、終身雇用が慣行である。不運の雇用をパラサイト的生活でしのいでいる傾向も見受けるが、親の貯蓄が尽きれば自分の老後の生活も不安定になる。労働の形態は高齢期の生活にもつながっているのである。

高齢になって生活の危機を感ずる第一の要因は主たる収入が年金になって生活の再設計を強いられることであろう。年金収入は格差があり、国民年金受給者などは、その収入だけで生活できない。貯蓄を取り崩して消費生活を維持しなければならないとしたら長命化は貧困につながり、長生きをことほぐより苦痛を抱える。

さらに高齢は程度の差はあれ、すべての人に心身機能の弱化をもたらす。もし長患い、要介護になれば、家計のみならず家族関係にもゆがみをもたらしかねない。最悪の場合は資産を持っても使い果たし、「老後破産」に直面する。生活困窮になって国民年金、国民健康保険や介護保険を滞納している人は増えている。

さらに独り暮らしで社会関係を閉じれば相談する人もなく、福祉サービスも受けず、セルフネグレクトにもなる。孤立死はその悲劇的姿であろう。

厚生労働省統計（２０１６年）は生活保護世帯の50・８％は高齢者世帯であり、そのうち90％が単身世帯であるという。東京都監察医務院は東京都23区の孤立死は２８９１人（２０１４年）にも上ると公表している。

いったん、生活困窮に陥れば、コミュニティーの変化、家族解体の影響もあり貧困化、孤立化は深刻化する。とくに大都市の絆は弱く独り暮らしも多い。今はオリンピック成功への旗に覆われて問題は大きく取り上げられないようだが、とくに首都圏で宴のあと、ニーズは一挙に顕在化するとみられている。さらに支援策を練っておかねばなるまい。

「がん」に罹患して

2017／10

「がんの疑い濃厚です。疑いのクラス5段階のうち4です」。医師は内視鏡の診断を淡々と述べる。クラス4なら確実にがん罹患《りかん》ではないのか。少しは予想のうちに入っていたものの、死因率3分の1、発見が遅れれば生存率が低くなるとの耳学問は死の予想を膨らませる。「患部粘膜剥離術をしたほうが良いと思いますが、内視鏡でやれますので心配はいりません」。「1週間入院が必要です」。「わかりました」。「ピロリ菌を除菌してからにしましょう」とことは進んだ。

がんは怖い病気である。10年前に前立腺がんに罹患したが、早期発見（ステージ2）で、全摘手術を受け予後はよい。この病気で友達が2人死んでいる。その友の勧めで私は早期に発見することができた。今度は胃である。事例として、これまでの経過を示そう。

1年前である。明け方、胃がチクチク痛み、目がさめるようになった。その時げっぷがでて膨張感もあった。A医院で診察を受け、内視鏡検査から、逆流性食道炎、胃炎と診断された。胃の薬と、胃酸を抑える薬を処方された。私の問いに医師は胃の画像を示し「がんはないね」と私を安心させるように言った。

しかし昼間は違和感がないが明け方の胃の痛みは数カ月たってもなくならない。ただ激痛ではなく、すぐ治まるし、日常生活に支障がなく、スポーツもできるので、そのうち良くなるだろうと楽観視して日を過ごした。前立腺がん摘出後のフォローして下さる医師に相談して胃酸抑制の薬を変えたが症状はそう変わらなかった。

今年8月である。テニスの合間に胃の状態を雑談でしていたら、女性たちに強くB医院の受診を勧められた。内視鏡の結果はがんであろう?部位の発見であった。1年で悪化したのであろうか。「初期でよかったですね」と言われた。切除のため入院の手続きを取る。さらに剥離した患部の粘膜を「がんであるかどうか」「どんながんであるか」病理学的検査を行うのだという。がんの生存率は早期発見と治療技術の進歩によるというが、私はそれで命拾いをしたようだ。

国立がん研究センターの研究によると、将来高齢化とともにがんの罹患数は増え続け、国民の2人に1人が生涯のうちにがんにかかり、3人に1人ががんで死亡するという。また働き盛り世代の死因の40%はがんであり、労働損失は年間1・8兆円に相当するとも言っている。

厚生労働省は「がん対策推進基本計画」(2007年)を策定し、「75歳未満のがん死亡率を20%減らす」「緩和ケア・治療技術の進歩、専門医育成」「がんを患っても安心して暮らせる社会の構築」「がん検診・がん登録の普及」などを進めている。がん化の因果関係が十分解明されてはいないが、分かっているだけでも、生活習慣を点検し、定期検診をこころがけることが大切であろう。自分の経験から痛感した。

人口の2・6人に1人は高齢者に、その時社会保障は？

２０１８／３

また私ごとを例に挙げて恐縮だが胃がんの内視鏡粘膜切除術は無事終わった。静かな病床で退院後の生活が不安を伴って脳裏をかすめる。早期発見ができたため死に直面することはないようだが、さらに年を重ねた時に単身生活はどうなるかそんなことまで思いが及んだ。

高齢が進めば個人差はあるが心身の虚弱化という人生の危機に直面する。その現実に対応するべく社会保障制度は用意されているのだが、高齢化は医療や介護のニーズ（援助の必要性）を拡大するし、医療費や介護保険給付の負担が個人的にも、社会保障の面でも課題になる。そして福祉サービスの限界は、現実に介護難民、家族介護のための離職などの社会問題を生じさせている。

わが国の高齢化率は平成29年度版高齢社会白書によると27・3％（２０１６年）になっているが、さらに高齢化は進み、50年後の２０６５年には38・４％に達し、国民の約2・6人に１人が65歳以上の高齢者になると予想されている。ニーズに対して社会保障や社会福祉サービスは対応しきれなくなるのではないかと心配する人は多い。

社会の変化は高齢者の人口拡大ばかりではない。高齢化の進行に伴って後期高齢者の占める率が高くなる。同じ高齢者といっても65歳から74歳の前期高齢者と比較して、75歳以上になると医療・介護の需要は格段に増えるのである。とくに認知症は80歳以上になると4人に1人が発症するという調査結果がある。病気になり、介護が必要になれば出費も増える。年金が少なければ貯蓄も取り崩さなければならない。現在でも生活保護受給者の44・5％は高齢者である。長生きは貧困も招きよせることを統計は示している。

さらにニーズを複雑にしているのは家族形態の急激な変化である。筆者の町内でも高齢者の独り暮らし世帯が多くなった。２０１５年、75歳以上の世帯で単身世帯は37・９％で夫婦のみ世帯は30・８％である。夫婦世帯はいずれ単身世帯になる可能性が高いから、ますます単身世帯は増えていくと考えられる。孤独死はその悲劇的結末であろう。

高齢になれば、個人差はあれど心身能力の衰退、収入の減少、社会関係の縮小、社会的役割の変化は免れがたい。孤独化と貧困は一つの不幸が起これば別の不幸を招きよせ適応を難しくする。厚生労働省はオレンジプラン、高齢者対策大綱などを決定し、地域の包括支援サービスに力を入れるなど、老後の安心を模索しているが、人口の片寄りや都市部の老人ホームや在宅サービスの社会資源不足が嘆かれ、特に首都圏の危機感が強い。地方への移住すら勧められている。

東京オリンピック後の２０２２年は団塊世代が後期高齢者となる。その時、対策大綱がどんな具体的実を結んでいるか、社会保障の未来を占う正念場になるのではないかと思われる。

優生思想は人権を損なう

2018/7

1948年旧優生保護法が制定された。人口の質を劣化させないため、先天性遺伝病者の出生を抑制することが必要というのが法制定の理由である。超党派全会一致で決まったという。
法制定に対する説明は明らかに優生学を下敷きにしている。優生学は英国のフランシス・ゴルトンが19世紀後半に「悪質な遺伝形質を淘汰《とうた》し、優秀なものを保存することによって人類の進歩を図る」学問として提唱した。1930年代、アメリカの一部の州やスウェーデン、ドイツなどが不良な遺伝子を持ったと思われる精神障がい者や知的障がい者を淘汰する「断種法」や「不妊法」を制定し、不妊手術や妊娠中絶を実行している。

最も組織的に障がい者の絶滅を図ったのはナチス・ドイツのT4作戦安楽死政策であるといわれる。T4とはナチスの安楽死管理局の所在地にちなんで名づけられた。この政策で20万人以上の精神障がい者が殺害されたと言われている。しかし第二次大戦後、ナチス・ドイツに対する批判、精神疾患に対する遺伝知識の誤りを指摘、さらには福祉政策の進展によって優生手術は行われなくなっていた。

うかつで恥じ入るが、私は強制不妊手術をされた女性が人権救済、国の謝罪と賠償を求め提訴をしたとの報道を知るまで、旧優生保護法が強制不妊手術を行っていたという事実を知らなかった。指定医師が精神障がい者の不妊手術の必要を認め、都道府県の優生保護審査会に申請し、そこを通れば本人の同意がなくとも、親などの同意があれば優生手術が行えたのである。恐らく戦後に人権侵害とも思えるこのような法律を制定し、国が優生手術を奨励した国はわが国だけだと思う。この法律は１９９６年まで続く。

新聞報道によれば、記録が残る全国の強制不妊手術は１万６４７５件、そのうち北海道は２５９３件で、全国最多の手術件数である。見つかった資料によると北海道（49〜55年度）の手術対象者は全員精神疾患であり、統合失調症が85％を占める。宮城県の資料（63〜81年度）では８割が遺伝性知的障がいだという。

優生手術に疑問や反対がなかったわけではない。障がい児の妊娠中絶を容認する胎児条項への反対や子殺し裁判での優生思想に対する批判などで手術件数は減っていったが、法は96年まで改定されなかった。強制不妊手術をうけた被害者が国の謝罪と賠償を求め、その事実は人々に広く知られることになった。

しかしまだ被害者の権利回復への道は遠く偏見と差別は暗く漂ってる。さらに高齢社会は社会保障費の負担増を危惧する声が高い。医療・介護の重圧は「迷惑感」や「嫌悪感」をあらわにする可能性がある。この「悪魔のささやき」に福祉の正義をどう選ぶか。福祉の未来がかかっているように思う。

心配です。社会保障の未来

２０１８／１１

少子高齢社会を見据えて社会保障の持続的発展を危ぶむ声がささやかれている。内閣府の発表によればわが国の高齢化率は27・7％（２０１７年10月）、高齢者人口のピークは２０４２年、高齢化率36％になると推計している。

そして若年層を中心に人口減少は加速するから２０６５年になると高齢者１人を現役世代１・３人で支えなければならなくなる。

さらに財務省によれば歳入で足りない国家予算は国債に依存していたのでその債務残高は約１１００兆円に達し、国民１人当たり８００万円を超えるという。その予算規模の膨らみは社会保障の義務的経費の重圧によるところが大きいので政府は「社会保障と税の一体改革」が急務であるとかねてから主張していた。

高齢者の社会保障は「年金」「健康保険・後期高齢者医療保険」「介護保険」そして「生活保護」である。

わが国の年金制度は賦課方式をとっているから現役世代の保険料が年金給付となり、現役世代の人口に比べ高齢者率が高くなるほど年金財政は苦しくなる。若い人が未来の年金制度を不安視するのも無理はない。賦課方式は少子高齢化に弱い制度といえよう。

国民健康保険も加入者の保険料の滞納が多くなったり、全体の医療費が増大し（国民医療費は２０００年の30兆円から２０１５年には42兆円へ）、保険料で支払いが賄いきれない懸念が生ずるようになると制度の維持が危うくなる。そうなると国庫負担金を増やすか、保険料の値上げになる。

国庫負担金は減らす傾向にあるから、保険料を上げざるを得ない。後期高齢者医療保険も年々値上がりし、所得によって大きな差があるものの、現在では年額平均7万2８３円になった。国保加入者は高齢低所得世帯が多いから、滞納世帯も多くなると考えられる。現在６・５世帯に1世帯が滞納しているという。

介護保険はどうであろう。制度発足２０００年の給付総額は3・6兆円であったが、２０１７年には10・８兆円にまで膨れ上がった。給付額の増大に比例し、保険料も当初全国平均２９１１円であったが、２０１７年には５５１４円に上昇した。低年金の人は保険料も重荷だし、病気になるとたちまち生活に困窮する。

生保受給世帯数は全国で１６４万世帯に増えた。中でも高齢者世帯の率は高く、全体の約53％を占める。そして保護費支給全体の48％は医療扶助であるという。

高齢者の1人当たり国民医療費は64歳以下の約４倍である。長命化は喜ばしいが低年金と病気の心配は貧困の不安を抱えることになる。２０４２年に高齢化率はピークとなるが同時に急激な人口減を迎える。この二重の受難にどう対応するか。首都圏は介護地獄が予想されるというし、過疎の自治体では消滅の危機が取りざたされている。改革は焦眉の急を要するのである。

健康格差は命の格差

２０１９／４

わが国のジニ係数（貧富の格差の程度を表す指標）、相対的貧困率の推移をみれば社会的格差は拡大しているように思われる。最近政策課題として注目されているのは健康格差である。健康は個人の努力によって維持されるが、健康格差は所得、雇用、教育などの社会経済的要因によって作られた社会階層の低位に属する人たちへの不平等であり、個人の健康を社会的にむしばんでいる。

これまで格差の実態解明、格差縮小の研究が積み重ねられている。その中で、「現代社会の階層化の機構理解と格差の制御（略称「社会階層と健康」）」と日医総研ワーキングペーパー「貧困・社会格差と健康格差への政策的考察」、「健康格差　講談社現代新書」の文献は門外漢にも分かりやすく参考になった。格差の概要を示し対策を考えたい。

文献に共通する格差の実態は所得、雇用、教育などで、社会階層の序列が低くなるほど健康悪化を招き平均寿命が短くなる傾向がある。ＷＨＯの統計分析は所得格差の大きい国（ジニ係数が大きい）ほど死亡率が高く健康寿命も短い。また厚労省の「国民健康・栄養調査」によれば食生活、運動、喫煙、飲酒などの生活習慣で低所得層は健康を損ねる習慣が高い。これは教育格差とも関係し、低所得、低学歴層は健康診断の未受診率が高く医療機関へのアクセスも控える傾向がある。医療機関の利用抑制は生活習慣病などの悪化を誘い、さらなる健康格差に影響していることが想像される。

職業格差では非正規雇用の問題がある。全労働者の約40％近くを占めるともいわれ、収入も正規職員に大きな差がつけられている。労働条件の悪さとそのストレスは健康格差に及ぼす影響は大きい。また格差社会はコミュニティー・家族の機能を弱め多くの人にストレスを与えるようになった。とくに低所得層はソーシャルキャピタルのネットが弱くストレスの影響を受けやすいという。相対的にそう貧しくなくても「相対的剥奪感」（他人と比べ所得の少なさを嘆く劣等感）のストレスで健康をむしばむ可能性も研究は示す。さらに重要なことは幼少年期に低所得の家庭で育った人はその後も健康への影響は大きく、大人になってから循環器系やがんのリスクを抱える率が高いという。

ＷＨＯは健康格差の背景に「所得の格差」「雇用の不平等」「家族の解体」「地域の変化」があるという。これらに関連する健康格差対策は医療や保健の思考枠組みを超えて関係者の連携・協働が欠かせない。厚労省が力を入れる「健康日本21」（第二次）の施策は健康格差の縮小を目標に、健康を支える環境の整備や生活習慣の改善、疾病の発症や重症化の予防を掲げている。健康格差は命の格差である。人権尊重と社会保障の持続的発展のために目標を自覚し格差を克服したい。

人生百年、暮らしの設計

2019/7

金融庁審議会ワーキンググループの報告書「高齢社会における資産形成と管理」が激しい議論を呼んでいる。一体何が問題なのか。審議会は夫65歳、妻60歳の無職の夫婦が老後30年の生涯にどれくらいお金が必要なのか、総務省の資料を基に平均的家計を示した。支出（月26万4千円）に対して収入（20万9千円、うち年金19万2千円）は支出に届かず月に約5万円の赤字である。赤字分は65歳から30年で約2千万円になる。この分は若いうちから何らかの方法で資産形成し、65歳から補塡《ほてん》し、収支のバランスをとることが必要になるというモデルを提示したのである。

この報告書は年金制度の妥当性を論じたものではないが、生活の安定に届かない平均の年金収入と支出との差額補塡のための2千万円の貯蓄をめぐって批判が起こった。家計収入の年金受給額を見る限り、厚生年金の受給家族を対象に平均の家計を描いたと考えられる。高齢者の主な収入である年金は加入年金の制度や雇用関係によって格差がある。国民年金など低年金の人はその収入だけで生活は難しい。まして資産形成などできないだろう。この情報は少なからず人々に不安を与えたようだ。

参院選を控えた与野党が敏感に反応し、議論が沸騰したためか、麻生財務大臣は政府の政策スタンスとあわないし、不安を与えたので報告書を受け取らないと宣言した。岸田政調会長は報告書の内容がずさんで議論に値しないという。内容がずさんなら、なおのこと説明と議論が必要なはずだ。長い老後に家計の安心を願わない人はいない。この報告書は老後の安心を検討する手がかりとして深読みする必要があると思うのだがそうはならなかった。

言うまでもないが現在高齢化率は27・7％（2017年）、高齢化率ピークの40年後には38％になると厚労省は試算している。また、独り暮らしや貧困化も進んでいる。生活保護受給世帯全体の52・7％（同）を高齢者世帯が占めるようになった。低年金の人が利用したと考えられる。

老化、医療、介護、貧困、孤独は高齢者の福祉ニーズとして重層化して現れている。対策は総合的に考えなければならない。社会保障と税の一体改革はどう進展しているのであろうか。社会保障の拡大は財源の議論を伴う。国債に依存する国家財政の危うさを推理すると、未来の年金給付水準のアップは期待できまい。今度の金融庁報告書は長い老後の自立の勧めとも読み取れるが、盛り上がった論争を基に老後の安心を支える制度改革を政府に期待したい。

一方、長い老後をどう生きるかは個々人の価値選択に任せられるが、合理的な家計管理は欠かせない。報告書をすべて否定的に見ることなく、自分に見合った生活と家計管理の設計を心掛けることは審議委員の望んだことでもあったと思うのである。

ドイツの医療と福祉寸描

2019／10

昨年11月ノーマライゼーション住宅財団の30周年記念事業として計画されたドイツの医療と福祉を学ぶ旅に参加した。視察先のケルンとアーヘン市はライン河沿いに古代ローマ時代から栄えたドイツの文化、経済を代表する都市である。第2次大戦の末期、連合軍の爆撃で市街地の9割を破壊されたが、復興を果たし、両市の大聖堂や古代ローマの遺跡などは観光客を呼び寄せている。たった1週間の見聞で一国の福祉制度を語ることはできないが幾つか示唆に富む実践が心に残った。

一、施設の名前を掲げない

施設の入口に、日本なら○○センターとか○○園と大きく書いた看板が掲げられているのにドイツにはない。デイサービス、在宅看護・介護などを行っている精神障害者の在宅支援センターが普通のビルに溶け込んでいた。「支援を受けていることを近所の人に知られたくない人がいるのですよ」と言っていたが、施設を明示することが障がい者に対するスティグマを強化すると危惧しているのであろう。かってナチス・ドイツはＴ４計画で精神障害者を20万人以上も殺害した。その反省であろうか。

二、病院の生活は普通の環境の維持へ

マリエン病院の高齢者ステーションで身体機能や知覚のリハビリテーションのために単調な病院環境を自然環境に近づける工夫を見た。例えば廊下の大きな壁の風景画に一日の陰影をコンピュータ制御で取り入れる。狭い屋上だが箇単な機能訓練や土の道をつくって裸足歩行をする。屋上からの雄大なライン河風景に触れさせるなど。自然の豊かさに触れ、普通の生活環境を維持することが生活の質を保つことであり、健康にとって大切との信念が窺えた。

三、介護の質維持。監査、第三者評価

ドイツも民営化や在宅医療・福祉の流れは大きい。福祉サービスの質向上のために年に1から2回、予告なしの監査があるという。とくに厳しいのは「職員の半数は専門職」という規定であり、外国人にも門戸を広げ、その確保に努力しているという。視察先は日本でいえば特別養護老人ホーム。玄関に「医療・介護・認知症入居者への対応」「日常のケアと状況」「食事・家事」「入居者へのアンケート」とカテゴリー別第三者の評価表が公表され、すべての項目でこの施設のサービスは優良の評価を得ていた。

四、癌患者へボランティアとの協働

ケルン大学医学部付属病院の緩和病棟を訪れた。ベット数は15床だが癌患者の治療、研究、臨床教育に効果をあげているという。専門医が連携協力し激痛や精神的パニックなど苦痛を除去しQOLを維持するのが目的。入院は平均10日位だという。また末期の癌患者の在宅医療と家族支援の実践が紹介された。専門職2人とボランティア35人がチームを組み、患者に寄り添い、不安や苦しみを和らげる支援を行い、地域組織化を進めているとのことであった。

五、進んだ社会保障

ドイツは世界で最初に労働者の疾病保険法（1883年）を制度化した国であり、社会保障制度は行き届いている。日本の介護保険法もドイツの経験に倣ったといわれる。違うところはドイツでは家族が介護しても介護の専門機関のサービス給付（現物給付）の約半分の現金が給付されることと、高齢者、障がい者を問わず介護認定により給付が受けられるということである。

「ノーマライゼーション対談」（『WITH《ウィズ》 LIFE《ライフ》』32号　2010／8）

豊かな老後生活は、健康と友情から。近隣と支え合って暮らそう！

社会福祉法人北海道社会福祉協議会　理　事　佐藤　朝子さん
社会福祉法人北海道社会福祉協議会　副会長　忍　博次さん

右・佐藤さん、左・忍さん。

老いてなお生き生きと暮らすには、近隣との支え合いが欠かせません。そのベースとなるのが、日ごろの交流です。新聞の取材あるいは福祉の研究をとおし、共に長らく高齢者問題に取り組んできた佐藤朝子さんと忍博次さん。前後して傘寿を迎えたお二人に、体験談を交え、孤立を防ぐ生活術や高齢期の楽しみについて語っていただきました。

（取材・文／大藤紀美枝）

老後体験を生かし
老後問題に取り組む

――高齢になってのひとり暮らしは、心細い事が多々あると思います。佐藤さんは昨年、『ひとりの老後ノート』を著されましたが、読者からどのような感想が寄せられていますか。

佐藤　「こういう本がほしかった」「友達も読んだ方がよいと思い3冊買った」「困ったときの相談先が出ていたので参考になった」といったお便りを何通もいただきました。かつて北海道新聞に編集委員として署名原稿を8年ほど書いておりましたから、「当時の記事を思い出し、どんな老後を送っているのだろうと興味を持った」という方もいらっしゃいました。

忍　うらやましいなぁ。僕ら、いろんな研究をして論文を発表しても、ほとんど読んでくれませんんよ（苦笑）。80歳の記念に今年、自費出版した本（『共生社会を求めて』）は、遺言状のつもりで書きました。

佐藤　私も遺言状のつもりで、この本を書いたんです。取材・紙面構成を考えるデスクとなり、家庭面（現生活面）を任されたのが40歳そこそこのとき。1970年に日本の高齢化率は7％を超え、高齢化社会に突入していましたから、行く末を案じ、とりわけ老後問題にのめり込みました。

ある方に取材し、「私の老後の理想は晴耕雨読です」と申しましたら、「年を取ったら目はかすむし腰も痛む。人は、その状況になってみなければわからないことがある」と一喝されました。

忍　ほほぉ。

佐藤　学者とか行政の窓口とか医者とかに取材しても、みなさん現役で、老後問題について、「こういうものです」というお話は伺えるけれど、「こういうことでした」というお話はなかなか伺えません。ですから、老後問題に関するデータ、体験、言葉を集めたいと、いつも思っていました。そうしてでき上がったのが、この本なんです。

忍　なるほど。佐藤さんならではの力作ですな。

佐藤　取材で初めて忍先生にお目にかかったのが、

数十年前。以後、いろいろな会合に参加させていただきました。福祉のまちづくりとか…。
忍　お互い、いろいろなことをやりましたね。
佐藤　忍先生は考え方がすごく明るく、福祉に関することでも、「ここは問題だけれど、こうなればいいよ」と、前へ前へと突き進んでいかれるでしょ。いつも感心しております。
忍　個人がどうこうというより、社会はどうあらねばならないかを考えなければ、福祉は成り立ちません。方々にメスを入れる思いで研究をしてきましたが、80歳を機に現役を退き、これからはボランティアとして活動を続けることにしました。

パートナーを看取るということ

――忍先生は、今年、新たな一歩を踏み出されたわけですね。
忍　ええ。しかし、仕事を辞めたら、まあ暇なこと。予定が何もなく、3日ほど家にこもって本ばかり読んでいたら、言葉を忘れそうになりましてね。これはまずいと、なじみの居酒屋に行って、「僕、しばらく話していなかったから、おしゃべりになるかもしれないけれど、我慢して聞いてね」と前置きして、若いお嬢さんを相手に酒を飲んできました。
――グッドアイデアですね。ちなみに現在のお住まい、ご家族は。
忍　息子一家と2世帯住宅に住んでいます。家内が死んだ後、「ひとりで思い出に浸っていたらだめだ。一緒に暮らそう」と息子に言われてそうしましたが、面倒見のよい孫にも、「俺に構うな」と言い渡し、食事もすべて自分で作っています。
佐藤　私は息子も娘も独立し、住み慣れた街なかのマンションに、20歳になる猫と暮らしています。朝は起こされるし、排泄物の始末にも手がかかりますが、猫はほどよい強制力があってよいですよ。何より孤独を感じないで済みますもの。
　この10月で夫が亡くなって丸6年。早いものです。

夫は脳梗塞、大腸がん、心臓病と患い、闘病生活は10年に及びました。

忍　そうですか。僕の家内は大腸がんで死にました。16年になります。「余命半年」といわれたとき、僕は学部長をやっていて、思うような看病ができずに困惑していると、当時、住んでいたマンションの奥さま方が、「みんなで助けましょう。ご主人が付き添いの時間割を作ってください」と言って、交代で看てくださいました。そうやって危機を乗り越えたんです。本当に感謝しています。

佐藤　当時、会議でご一緒したとき、「家内は僕の戦友でした」とおっしゃっていましたね。

忍　そんなこと言いましたか…。家内が死んでどーんと落ち込み、危ない状態でした。3年ぐらい論文が書けませんでした。研究者を辞めようかとさえ思いましたからね。

佐藤　どなたかが、続けるようおっしゃったとか。

忍　ご主人を亡くした後も医師を続けた友人が、「絶対、辞めちゃだめ。みんなが助けてくださるのなら、なおさら辞めちゃだめ」と励ましてくれましてね。冷凍食品なども、たくさん持ってきてくれました。

――看病、介護をする人への支援、看取った後の心のケア、いずれも大事ですね。

佐藤　忍先生のお話を伺っても、本当にそう思いますね。私は、出産を機に両親に同居してもらい、サポートしてもらって仕事を続けたのですが、母は高血圧症で体が利かなくなり13年間寝ていました。そして、父、夫と、闘病生活が続きましたが、若い時分から老人を取材してきたこともあって、大変というより、人間、年を取ったらこうなのだ、ついにその日がきたかという感じで、看病や介護をクリアしてきたように思います。

忍　すごいなぁ。感心します。その点、男は女の人に甘ったれて生きていますね。僕なんか、まったくそうでした。預金にしても、どこにどれだけあるのかわからず、家内に先立たれて参りました。

家族を看取るとき、ひとりになったとき、老後問題に取り組んだ経験が役立ちました。

佐藤　朝子（さとう・あさこ）
1952年北海道新聞社入社。記者として活躍し、編集委員、生活部長、出版局次長などを務める。光塩学園女子短期大学で老人福祉論などを講義。現在、（社）北海道社会福祉事業団理事、（財）札幌市在宅福祉サービス協会理事、（学）光塩学園理事。79歳。札幌市在住。

得るものが多い友との語らい

――ひとり暮らしの高齢者が最も困ることは、どのようなことでしょう。

佐藤　以前、帯広市が独居老人を対象に行ったアンケート調査によると、男の人が一番困るのは、食事の支度。女の人の場合は、除雪と家の中のちょっとした修理。例えば、高い所の電球が切れたとか、戸が閉まらなくなったとかいうことですね。

このようなデータを生かして、実際にそうなったら、何がどう困るのかを精査し、そこをフォローしていくことが大切です。

個人的なことを言えば、私は利き腕が思うように上がらないので、お風呂の上の方のタイル拭きが、悩みの種になっています。脚立を使うのは、もはや危ないですしね。

忍　無理はしないことです。危ないといえば、〝振り込め詐欺〟にも気をつけなければなりませんな。3年ぐらい前、僕のところにも奇妙な電話がかかってきました。

佐藤　『ひとりの老後ノート』でも、高齢期の消費者トラブルを未然に防ぐ心構えや訪問販売、クーリング・オフ、見守りの輪について詳しく紹介しました。

忍　身に覚えのないことであったり、常識ではあり得ない話なのに、なぜ、だまされるのかといえば、孤立しているからです。高齢者のサークル仲間に聞いたら、約半数が振り込め詐欺に類した電話がかかってきたと言っていました。周囲と活発に交流している人たちですから、被害には遭っていませんでしたがね。
　ひとり暮らしの援助として、どうやって孤立を防ぐかということが、あらゆる意味で大事です。
佐藤　札幌市北区の社協のデータも印象深かったですね。独居老人を対象に行ったアンケート調査で、一番楽しみにしていることを尋ねたんです。孫と会うこと、テレビを見ることなどが、まず上がってきそうでしょ。ところが、仲のよい友達と会っておしゃべりをすることが50％だったのに対し、きょうだいとか孫とかに会うことが25％。このデータからも、私自身の経験からも、同世代の友達とおしゃべりをして支え合っていくことが、心の豊かさに大きく反映していると思います。
忍　女の人はそういうことが巧みだけれど、男は不器用ですからね…。
佐藤　近所の方々や元の仕事仲間、小学校からずっと付き合っている親友グループ…。友達とのおしゃべりは、実に楽しいです。旅行にもよく出掛けます。うれしいときに一緒に喜んでくれる人、心細い時に親身になって励ましてくれる人、それぞれにありがたいですね。
　夫の看病をしているとき、親友に励まされ、誰かによいことがあったとき、誰かが困っているとき、自分はどのように接することができるか改めて考えましたし、反省もしました。

行政や社協に頼むより、近隣に声かけて頼んだ方がよいことがいっぱいあります。

老後の自立に必要なもの

――忍先生は高齢者集落の調査を行っておられますね。

忍　ええ。名寄市立大学教授に着任した2007年のことです。過疎と高齢化が進んだ〝限界集落〟といわれるところ4カ所で訪問面接調査を行いました。

驚いたのは食生活が非常に豊かであるということ。60％を超える人が野菜を自分で作って室に蓄えている。これを組織化したらなおよいと思い、援助団体や行政に提言しました。日常生活で一番困ることは、通院の手立て。身近に車を運転できる人がいなくなったら大変なことになるんです。裏を返せば、交通手段が確保されれば、今、住んでいるところの暮らしが何とか保持できるということです。

あと、介護保険がすごく役立っていることがわかりました。みなさん、デイサービスやヘルパーさんが来てくれることを楽しみにしているんです。悪口をいわれる介護保険だけれど、生き生きとした暮らしを支えていることを実感しました。

佐藤　介護保険はいろいろ問題があるにしても、実施されてよかったと私も思いますよ。

忍　そう。問題があれば直せばいいんです。

――高齢期の自立した生活を営むには何が必要であるかを考えることは、真の豊かさとは何かを考えることでもありますね。

忍　高齢期の豊かな暮らしの決め手は、医療システムがあるか、ないかです。体が弱ってくると転居せざるを得なくなる。そこで限界集落となる。あと10年もすれば、都会の限界集落が一気に増えるでしょう。

医療システムに関していえば、解決策はあるんです。IT化が進み、遠く離れたところにいる医師が、動画で現場に指示できる時代なんですから。地域に高度な技術を持った保健師さんや看護師さんがいれば、そうした指示を受けながら生活習慣病に対応できると思いますよ。

老後だからできること

――お二方の健康法は。

佐藤　「天気がいいわね。ちょっと歩いてこない」という感じで、近隣の友人としょっちゅう円山公園を散歩しています。遠方の友人が来札したときも、語らいと散歩を楽しんでいます。

忍　僕は近隣で卓球とテニスを週に2、3回やっています。それから、中国から帰国した人と一緒に太極拳を習っています。

佐藤　物事、高齢だからできなくなったではなく、老後だからできるととらえた方がいいです。

忍　もはや恥ずかしいことは何もないですからな（笑）。絵手紙などサササッと描いて送ると、結構喜ばれます。書は、死ぬまでにどれだけ上手になるか楽しみ。

佐藤　まぁ（笑）。私も書を始めようかしら。集めた〝やきもの〟を眺めて楽しんでいますが、観賞するだけでなく能動的な趣味を持たなくてはと思いました。

忍　家内が死んだ時分は、「俺もすぐ、そっちへ行くから」と言っていましたが、今や「おまえの分、もっと生きてやらぁな」と、ふてぶてしいものです。年を取るっていいことですよ。

佐藤　お互い長生きしましょう。

（2010年5月20日）

「ノーマライゼーション対談」（『WITH《ウィズ》 LIFE《ライフ》』37号 2013／4）

「在宅ケアする人をケア」する態勢を整え 頑張っている人に息抜き、語らい、励ましを！

社会福祉法人札幌肢体不自由福祉会 理事長 山内まゆみさん

札幌認知症の人と家族の会 副会長 下村 笑子さん

社会福祉法人北海道社会福祉協議会 副会長 忍 博次さん

川介護経験と在宅ケアする人のケアについて語り合う（写真左から）山内さん、下村さん、忍さん。

持病のある高齢者や心身に障がいのある人がわが家で暮らすには、何らかの支援が必要です。家族がいれば元気が出、力もわいてきます。しかし、お世話をする家族にも悩みや苦労があり、在宅ケアの充実を図ると同時に、「在宅ケアをする人のケア」の充実も切実な問題です。そこで、在宅ケアの経験を生かして社会活動をする山内まゆみさん、下村笑子さんと、共生社会の実現に向けて研究・教育を続けてきた忍博次さんに、現状と課題、解決策について語っていただきました。（取材・文／大藤紀美枝）

障がいのある娘とともに歩む中での苦闘

忍　まずは、山内さんから介護経験をお聞かせください。

山内　はい。私の末娘は645グラムの超未熟児で生まれ、脳性まひがあります。7人きょうだいの末っ子で、みんなに可愛がられて育ちました。主人の両親も健在でしたから、まさに大家族。それぞれが末娘の介護を手助けしてくれましたが、基本的なことは母親である私が全部やらなければと思い、そうしていました。

乳児期には母子入院(※1)し、幼児期には母子通園(※2)を行い、小学校は普通学級へ。中学・高校と養護学校に通い、大学で社会福祉を学び、28歳になった今、就職活動に励んでいます。

忍　ほお。どんな仕事をご希望なのでしょう。

山内　娘は電動車いすを使用し、トイレなどに介助を必要としますが、障がい者の雇用枠ではなく、一般就労でパソコンを使っての事務業務を希望しています。大学卒業後、2年ぐらい一人暮らしも経験しました。その際も、主人とともに心配しましたが、本人の考えを優先しました。一人の社会人として現状を知るよい経験を積んだと思います。

忍　そうですか。私は大学勤務をしながら40年間、障がいのあるお子さんのお母さん、お父さんを支援するボランティア活動をしていたものですから、山内さんのご苦労は察しがつきます。

小学校時代、普通学級だと、お母さんが付いて来てくださいと言われたでしょう。大学時代は、もっと苦労なさったのでは…。

山内　養護学校以外は障がい児者の受け入れ態勢がなかったので、通常は私が一緒に登校し、私が行けないときは主人や姉娘が付き添ってくれました。

忍　当時は、普通学級に入るのであれば、家族が介助して当たり前という、誤った常識がありましたからね。障がいのあるお子さんがいると、お母さんは、その子にかかりっきりにならざるを得ない。そうすると、その子のきょうだいたちは不安を抱く。きょうだい関係をどう築いていくかということも、親御さんの悩みですよね。

山内　はい。それから、主人の両親の介護もしました。2人を看取り、現在は、私たち夫婦と子ども2人に、80歳になる私の母が同居しています。

認知症の老親の介護で悩みつつ学んだこと

忍　では、下村さんの介護経験をお聞かせください。

下村　私は同居していた姑が認知症になり、12年間、在宅介護をしました。当時は、舅、姑、私たち夫婦、子ども3人の7人家族。姑が発症したころの戸惑いなどの問題行動は、家族で何とかカバーしていましたが、姑一人を家に置いて出掛けられない状態になって、本当に困りました。用があって出掛けるとき、姑を見ていてくれる人が欲しい。介護の悩みを聞いてくれる人が欲しい。相談にのってくれる人が欲しいと思いました。

忍　24時間、体ばかりでなく心も縛られるというのは本当につらいことだと思います。その頃、ご主人は協力してくれましたか。

下村　勤務している間はなかなか難しかったですが、退職後は姑をよく見てくれました。

忍　ケアする人の状況を調査して出てくるのは、「周りが介護の大変さを理解してくれない」「お前に任せると言って夫が親の介護を押し付ける」「自分の自由がない」といった悩みです。

下村　認知症の場合は、お勤めに出るなどして、ご当人と触れ合う機会が少ないと、気づかないです。ですから奥さんがご主人に問題行動など伝えても、「おふくろ、そんな状態になっているのか」と半信半疑の答えが返ってきたりします。また、離れて暮らすお子さんが、たまに会うぐらいでは、変化に気づきにくいものです。

　認知症に限らず、介護をするに当たって、家族全員が状況を理解して、共通の見解を持つことが大事です。

忍　ケアする人に対し、周囲のほんのちょっとの心づかいがあれば、乗り切れることもあるのではありませんか。

下村　そうですね。例えば、認知症の親御さんを介護しているごきょうだいに対し、離れて暮らしているお姉さんなり、弟さんなりが、何かプレゼントして差し上げるとか、思いやりを示すことが何よりの励みになると思います。
忍 老親の面倒は、大体が長男のお嫁さんが見ているわけでしょう。嫁いでいった娘さんが、「お母さんにこうしてほしい」なんて、無責任なことを言うケースが多いみたいですよ。
下村 施設を利用するにしても、スンナリ決まらないことがあるようです。
忍 「老親を施設に入れてはかわいそう」という意識が親族などにあるわけですね。
下村 ええ。また、その反対のケースもあります。何とかして家でお世話をしたいので、協力してほしいのだけれど、周りは協力をせずに「そんなに大変なんだったら施設に入れたら」と言うとか…。施設を利用するにしても、いつでもすぐ入れるといった状況にはないんですけどね。
忍 施設の出入りがもっと柔軟だとよいですね。実は、私も母の介護を長期間行いました。病院長をしていた友人が、「入院してもらってよくなったら返すよ。悪くなったらいつでも電話をくれ。すぐに面倒見るから」と言ってくれ、随分助かりました。施設にしろ病院にしろ、そういう関係が、どこにでも、誰にでもあるとよいですね。

介護をとおして人間的に成長

忍 さて、山内さんは笑顔で明るく経験をお話しいただいていますが、ケアをしていて精神的なストレスはありませんか。当初は「何で私がこんな苦労を」と思ったでしょう。
山内 はい。よく泣きました。外にも出られませんでした。そして、娘と前後して生まれ、すくすく育っている町内の子どもたちをうらやんでいました。こういう体にしてしまったのは私の責任との思いが常にあって、この子を何とかしてやらなければという妙な力が入っていました。
忍 やはりそうでしたか。
下村 「何で自分ばかりが」と思ってしまいますよね。認知症の家族を抱えたときも、多くの方がそう思うんですよ。
山内 一番つらかったのは、娘が小学4年のとき、自分はクラスのみんなと違うということを理解しはじめ、「どうして私、こんな体なの?」と聞いてき

山内まゆみ（やまうち・まゆみ）
極小未熟児で生まれた末娘が脳性まひのため、母子でリハビリに取り組む。1984年札幌肢体不自由児者父母の会に参加。末娘の小学校普通学級の学習をかなえ、PTA役員も。2011年社会福祉法人札幌肢体不自由福祉会・理事長に就任。
1956年生まれ、札幌市在住。

人と人。耳を傾け語り合うことで視野が広がり希望が見えてきます。

たときです。

忍　何と答えたのですか。

山内　何と答えたか思い出せないほど無我夢中でした。そしたら娘が覚えていて、後年、教えてくれたんです。「あなたはお話しができるでしょ。それは幸せなことなんだよ」と、娘ができることについて語ったらしいです。

下村　お子さん、よく覚えていましたね。

忍　お子さんにそう聞かれたとき、「神様が、あなたを特別選んでそういう試練を与えた」と答えるという話をよく聞きます。

下村　強いですよね。障がいのあるお子さんも、お母さんも、ご家族も。

山内　ええ。強くなりました。母子入院した際、脳性まひについての講義で、先生は「あなたたちは、今、どん底にいる心境でしょう。でも、この子たちのお陰で人として成長させてもらえますよ」とおっしゃいました。正直言って、当時は理解できませんでした。でも、いろんなことをやり、いろんな人に助けてもらいながら娘を育てていくうちに、理解できるようになりました。

悩みを語り合える仲間が何よりの支えに

下村　介護をしていてつらいとき、その気持ちをわかってくれる人がいるのといないのとでは、全然違いますよね。

山内　はい。母子入院したとき、こうした境遇にあるのは私だけじゃないということがわかり、心強く思いました。

札幌肢体不自由児者父母の会には、娘が2歳のときに入りました。娘のためという思いが強かったのですが、いろんな方に出会い、ともに活動していく中で、親の思いを形にしていくことの重要性を痛感しました。

そこで、札幌肢体不自由児者父母の会が母体となり社会福祉法人札幌肢体不自由福祉会を立ち上げ、生活介護事業所、ヘルパーステーション、地域共同作業所を運営しています。

忍　それはお忙しいですね…。さて、下村さんが家族の会に入られたきっかけは…。

下村　認知症という呼び名ではなく、ぼけ老人と言っていた頃で、姑がそうなってとても困っていたときに札幌ぼけ老人を抱える家族の会（現・札幌認知症の人と家族の会）を知り、そこに参加することで多くの人に助けられました。

その後、私の母も介護を必要とするようになり、大腿骨骨折から介護保険のお世話になり、要介護1、2、3、4、5と進行しましたが、在宅で昨年看取りました。97歳でした。

忍　ご長寿でしたね。

下村　母は認知症よりも「うつ」症状が強かったのですが、お年寄りを在宅介護する上で、介護している仲間との語らいに支えられました。札幌認知症の人と家族の会では、火・水曜日に介護相談を行っており、運営スタッフとして長年参加していますが、「私たち、親戚よりも仲良しだよね」などと話しています。

忍　ケアする人をケアする上で、それぞれの家族の会が非常に大きな役割を果たしていますね。

下村　家族が認知症になり、認知症について何も勉強していないのに、問題行動に振り回され、さまざまなトラブルの対処をしていかなければならなくなると、誰だって困惑し悩むと思います。

周りには、必ず「助けびと」がいます。
困っているときは、声を発することです。

下村　笑子（しもむら・えみこ）
同居する義母が認知症になり自宅介護する中で、1983年札幌ぼけ老人を抱える家族の会（現・札幌認知症の人と家族の会）に参加。義母を看取ったあと、実母を在宅介護。2005年から札幌市認知症サポーター養成講座の講師を務める。
1941年生まれ、札幌市在住。

公益社団法人認知症の人と家族の会は全国をネットし、46都道府県に支部があります。私たちもそこに所属し、認知症の人に対しての理解を深めてもらうと同時に、家族が手をつなぎ支え合って、ぼけても安心して暮らせる地域社会を作って行こうというスローガンの下、活動しています。

忍　下村さんは、札幌市認知症サポーター養成講座の講師も務めておられますね。

下村　はい。認知症の正しい知識と接し方を身につけ、認知症の人や家族を支える人を養成する講座です。現在、札幌市に住む65歳以上の方の10人に1人が認知症といわれています。「私は関係ない」と言っていた方が、ある日、「困りました」と家族の会に駆け込むことも珍しくありません。

年齢や性別を問わず何らかの形で認知症について学び、正しい知識を持っていただきたいと思います。

気兼ねなく息抜きし
心身のリフレッシュを

忍　障がいなどがあってケアを必要とする人の支援は、本来、社会がしなければならないのに、家族に重荷を押し付けている気がしてなりません。

ドイツでは、介護保険を作るに当たって、心の悩みを受け止め支えるカウンセリングなどをどうするかということを一生懸命考えて社会システムを作りましたが、日本はそれを怠ってしまいましたね。それを親の会や家族の会が代わってやっているというのが実情でしょう。

山内　レスパイトケア（※3）という、障がい児・者や高齢者の施設へのショートステイなどを受け入れる家族支援サービスがありますでしょ。大いに活用していただきたいサービスですが、私たちより上の年代のお母さんたちは、利用にちゅうちょしました。「自分が楽をするために子どもを預けていいのだろうか」という意識が働くんです。

下村　いわゆる世間体を考えてしまうんですよね。

忍　そう。それが正しいことか否か考えない世間体というのが問題です。例えば、世間体から、親戚はケアする人に対して意見する。旧来の日本の家族制度にのっとって激励したつもりでも、ご当人は責められている気がして、結果、ケアする人を苦しめるということがあります。

山内　親の会の若いお母さんたちは、インターネットなどを利用していろんな情報を入手し豊富な知識とネットワークを持っています。レスパイトケアなども上手に利用していますが、私たちの世代から見れば、人と人が向き合って一緒にお話しをすることが少ないように思います。

忍　介護サービスは上手に利用できても、深いところでの人間的な交流となると、今の若い人たちは苦手とする傾向が見られますね。

山内　話し相手、気軽に話せる相談相手って、すごく大事なんですけどね。

忍　私がボランティア活動しているところで父親の会を開いたとき、「木曜日（母子通園する日）の家内は、家に帰ってから鼻歌を歌ったりしている。ここで一体何をしてるんですか」って尋ねられました。グループカウンセリングをしているだけなんですけどね。自分の感情を吐露して理解し合う。つまり、ぼやき合える人間関係を、ぜひとも築いていただきたいです。

こもりがちな人にこそ支援の手を差し伸べる

下村　障がいのある人も認知症の人も、その家族も、率直にご近所とお付き合いし、普通、いえ、それ以上に心の交流のある生活ができればいいと思うんですよね。

忍　障がいも病気も人ごとではありません。なのに、なった人に対してよそよそしいのは困ったものです。

下村　家族関係、親子関係も希薄になってきてるんじゃないでしょうか。例を挙げると、お子さんたちが遠くに住んでいて、ご両親がご近所やケアマネさんに支えられて生活していることを知らない。で、連絡を取ると、「父母は大丈夫だと思います」という言葉が返ってくることが少なくないようです。

忍　かつて日本の家庭は緊密でしたが、いつしかバラバラになり、行政が担う制度的なサービスは随分整ってきたけれど、それを支える見えない支援がぜい弱になってしまいました。

下村　親の会や家族の会に電話をしたり、呼び掛けに反応してくださる方は、まだいいんです。そこに至らないで、孤立して悩んでいる方たちが心配です。

忍　山内さんは、極めて私的なことまでオープンに話されるでしょう。なかなかできないことです。

山内　私自身、死ぬかもしれない大病を患って考えが変わりました。自分がいなくなったら、この家はどうなるのだろう。細かいことにとらわれ、くよくよしても始まらない。ならば、笑っていた方がいいと…。

忍　なるほど。しかし、自分の気持ちを吐露できなかったり、人と付き合うことができない人もいるわけで、だんだんこもっていって、「うつ」状態ということにも…。「うつ」になると平常心を失いますから、介護するどころか虐待することもあり得ます。

今日の日本では特に障がい者に対する虐待が目立ち、心中も増えています。虐待の約4割は、ケアする人のケアがなされていないことに起因するといわれています。

ヨコのつながりを重視
カウンセリングを入念に

山内　福祉関係の仕事に就いている方の呼び掛けで、職種を問わずさまざまな方が集い、毎月1回、「広く・浅く・福祉を学ぼう」という趣旨の勉強会を開いています。いろいろな形で、みんながつながっていけるとよいですね。

下村　タテではなく、ヨコのつながりをもっと強めていきたいです。

忍　悩みは共通です。今日を機に、お二方が参加なさっているグループ同士、お付き合いを始めてはいかがですか。

下村・山内　（うなずき合う）

下村　私たちの会ではさまざまな情報を広く発信していますし、個人的にも近隣の方に、その方の困りごとに応じた相談窓口の電話番号をお知らせするなどして、つながりを生む工夫をしています。

忍　私も近隣の方に、「買い物などがあればお手伝いしますよ」と声を掛けていますが、反応がないです。介護なら行政、除雪なら社協に頼むといった雰囲気で、地域住民の互助が本当に薄くなりました。

下村　そういった意味でも、「困ったことがあれば、ここに問い合わせればよい」という団体やグループが、地域社会にたくさんあるとよいですね。昨今、特に気になるのは、精神障がいのある方の介護です。ご家族がさじを投げてしまっているケースが見受けられ、授産施設や病院などが中心となって家族の会を立ち上げていただけないものかと気をもんでいるところです。

忍　最後に、お二方の活動に関する抱負をお聞かせください。

山内　今日の若い方たちは、集団での活動が煩わしいようです。また、役員を任されるのをいやがる傾向も見られます。でも親として、子育てや将来への不安は、私たちの時代と変わらないと思うので、子育てを終えた世代が若い方たちに歩み寄り、ぐちをこぼせる関係づくりをしていきたいと考えています。

下村　認知症に限らず、高齢者介護は避けて通れない課題です。公的支援にすべて頼るのではなく、人と人のつながり、特に親子、親族が心を寄せ合うことが大事です。声を発すれば、必ず「助けびと」がいて、行政、民間、地域の人が共に考え、問題を解決していく道筋をつけていくことのお役に立てればと思います。

忍　ご活躍を期待しております。研究者として法の整備について述べますと、虐待防止法は当事者の虐待を防止するだけでなく、擁護者を支援する法律でもあります。ならば、権利擁護をするシステムを作っていかなければなりません。そうするにはケアをする人が主体的に発言しなければ…。それを社会が受け止め、働き掛け、相談事業やカウンセリングを政策化するためのアクションを起こす必要があると考えます。

本日は、ご経験を踏まえた貴重なご意見をお聞かせいただき、ありがとうございました。

（２０１２年12月11日）

※１　母子入院：発達の遅れや障がいなどの心配のある乳幼児が母親とともに入院し、医療的な診察や機能訓練を受けることができる。また、母親は育児、栄養、保育について学ぶことができる。

※２　母子通園：発達の遅れや障がいのある幼児と母親がともに参加できる集団療育の場。親子遊びなどをとおして、基本的な生活習慣や集団生活への適応力を培っていく。

※３　レスパイトケア：レスパイトは息抜きの意。高齢者や障がい児・者の介護に当たる家族の休息を目的とするもので、ショートステイやデイケアなどのシステムを利用して一時的に介護から離れ、心身のリフレッシュを図ることができる。

「ノーマライゼーション対談」（『WITH《ウィズ》 LIFE《ライフ》』39号　2014/4）

「傾聴」を大切にみんなで支え合う
豊かな人間関係の回復を

小規模多機能型居宅介護センター「支心」所長　川本　俊憲さん
社会福祉法人北海道社会福祉協議会　副会長　忍　博次さん

人は誰しも悩みを抱えて生きています。人間関係が希薄になった今日、一人で悩みを抱え、孤独を深める人が少なくありません。悩みを聴いてくれる人がいれば、心がほぐれ、自ずと解決の糸口が見えてくるもの。福祉の現場で活躍する川本俊憲さんと学識経験豊かな忍博次さんに、高齢者を取り巻く問題を中心に、悩みを打ち明けられる豊かな人間関係を築いていくための方策を語り合っていただきました。

（取材・文／大藤紀美枝）

川本さん（写真左）と忍さんは旧知の間柄。
互いの活動を理解しているので、一層話が弾む。

地域に根差した居宅介護事業所

忍　川本さんは、長年、福祉の現場でご活躍され、社会的な支援を必要としている人の立場に立った援助を実践されています。まず、小規模多機能型居宅介護センター「支心」開設のいきさつから、お話しいただけますか。

川本　はい。実は私、14年前にがんが見つかり、以来、治療を続けながら福祉施設に勤務していたのですが、それが難しくなったので、在宅で社会に恩返ししていこうと考えました。

忍　並々ならぬ情熱ですね。

川本　いえいえ。で、自宅を取り壊して、お年寄りと住み、地域の人とともに福祉活動をするために、2005年9月に「支心」を開設しました。翌年、国の小規模多機能型居宅介護（※1）の制度ができ、札幌において小規模多機能型居宅介護事業所の指定・許可の第1号となりました。現在、22、23名の方が利用者登録され、通って来たり、泊まったり、あるいはスタッフが訪問したりしています。

忍　登録されている方の平均年齢と様態は…。

川本　平均すると90歳前後でしょうか。8割の方が認知症で要介護3ぐらい。徘徊も多いです。

忍　なるほど。

川本　家庭的な環境を整えると同時に地域との自然な交流を心掛け、建物を町内会の会合の場などに提供しています。それから地域の方の急な困りごとや心配ごとにも対応しています。

忍　小規模多機能型居宅介護は、自立して近所の人とお付き合いをし、心豊かに暮らしたい人のための支援機関と言っていいですね。登録は、どのような形が多いですか。

川本　病院のソーシャルワーカー、あるいは医師から直接紹介されてという方が多いですが、口コミも多いです。うちは宣伝していませんし、看板も出していません。見た目はアパートのようです。送迎の車にも名前を入れていないんです。

忍　利用するに当たり、人の目が気になるということですか。
川本　ええ。ご本人よりも、家族の方が気になさいます。
忍　高齢者を介護施設に預けることに対し、身内に意見されるのがいやなんでしょうね。
川本「親を預けたことを他のきょうだいに内緒にしてほしい」とおっしゃる方もいらっしゃいます。

話をよく聴き心の垣根を払う

忍　小規模多機能型居宅介護は、通い、宿泊、訪問を組み合わせるサービスですから、特に利用者の家族との連携が欠かせません。しかし、家族の考え方も状況も千差万別。家族と緊密な関係を築くに当たり、いろいろなご苦労があるでしょう。
川本　ほとんどの方が当初、構えています。その垣根を取るのに1、2年かかりますが、それがなくなれば、後は抱えている問題や悩み事も包み隠さず話していただけるようになります。
忍　垣根を取るには、何が必要ですか。
川本　その方の話をよく聴くことですね。
忍　やはり、そうですか。しかし、人の話を聴くのは難しいですよね。聴き上手になったら、人に好かれるんだけどなぁ。
川本　道内の民生委員児童委員の研修会などで、「傾聴《けいちょう》」（※2）についてお話しすると、みなさん共感してくださいますが、いざ、実行するとなると難しい。それは、聴く習慣がないからだと思います。ただ聴くだけでいいんですが、自分がしゃべりたくてしょうがない。人の話を聴いているつもりで違うことを考えている…。
忍　川本さんは、傾聴の啓発にも熱心に取り組んでおられますよね。
川本　はい。長年、福祉の現場にいて、子育てにおいても老親介護においても、誰にも、どこにも相談できずにいる人がいかに多いか痛感していました。悩みや苦しみが募って怒りに変わり、それを子どもや高齢者にぶつけてしまう事態も発生しています。そういう問題をきちんと受け止める場所がなければ、社会全体が荒れていくと思い、ことあるごとに傾聴の大切さについてお話ししています。

忍　講演も多いんでしょう。

川本　全道各地で開催されている民生委員児童委員を対象とした講習会などで、傾聴についてお話ししています。また、札幌市社会福祉協議会のボランティア養成講座の講師を務め、第1回傾聴ボランティア養成講座の受講者たちが２００５年、「傾聴ボランティア・アクティブ17（いいな）」を立ち上げ、活発に活動しています。

忍　それは頼もしいですね。悩みごとがあって誰かと話したいというとき、そうした傾聴ボランティアの方に対応してもらえますか？

川本　札幌市ボランティア活動センターでは、高齢者や障がい者、子育てなどの支援をするボランティア団体を紹介してくれ、アクティブ17も登録されています。傾聴ボランティアをご希望する際、相談窓口に、どんな話を聴いてもらいたいのか、具体的にお知らせください。例えば、「がんの手術をして、精神的に辛いので、話を聴いてほしい」といった方には、がんを患った経験のある傾聴ボランティアが話を聴くといったことを行っています。

忍　同じ悩みや障がいのある人が、仲間として相談にのるピアカウンセリング（※3）の要素もありますね。

川本　そうですね。がん患者の支援活動を行っているサークルを知人が運営しているんですが、私自身、そこに出入りして話を聴いてもらい、気持ちの整理をした経験があります。

忍　似たような経験をしたことのある人ならではの共感があるのでしょうね。

川本　ええ。閉じこもりがちな方であれば、訪問して話を聴くことも行っています。

高齢期こそ人と話す楽しみを

忍　家に閉じこもりがちな高齢者はたくさんいますよね。一人暮らしだと話し相手もいない…。

川本　子世代と同居していても、会話がなく孤立しているお年寄りがたくさんいます。

忍　同居しているのに構ってもらえないというのは、

話を聴き、悩みを受け止めてくれる
そういう人や場所が心の支えになります。

川本　俊憲（かわもと・としのり）
1970年特別知的障害者更生施設「歌棄慈光園」に生活指導員として勤務。その後、老人ホーム等、福祉施設勤務を経て、札幌市北区に小規模多機能型居宅介護センター「支心」開設。民生委員児童委員を務め、傾聴ボランティア育成に尽力。
1947年生まれ、札幌市在住。

深刻です。例えば、高齢になって地方から都会に暮らす息子なり娘に引き取られたけれど、隣近所との付き合いはない、友達もいない。日中は一人で留守番といった状況にあって、それは孤独ですよ。

川本　私は民生委員児童委員もやっているので、日常的に地域のお年寄りと接していますが、みなさん家族の方の前では本音を話しませんね。だから、「支心」に遊びに来てもらうか、家族の方が外出しているときに訪ねるようにしています。すると、ものすごい勢いで話をぶつけてきます。

忍　どんな本音が出ますか。

川本　おばあちゃんは、「料理がしたい」、「お金を持ちたい」、「買い物をしたい」といった話をしますね。もちろんお嫁さんの悪口も出ますよ（笑）。つまり、やりたいことがいっぱいあるけれど、やらせてもらえない。愚痴を言いたいけれど、家族の前で言ったら大変なことになる…。

忍　おじいさんは、話したいことが違うでしょ。

川本　はい。昔話ばっかり（笑）。「おれは、こういう技術を持っている」、「こういう仕事をやってきた」という話をし、おじいちゃんは、過去の栄光にしがみついています。

忍　よくわかります。

川本　おばあちゃんの話もおじいちゃんの話も、ただ聴くだけでいいんですよ。それに対する知識がなくてもいいんです。おじいちゃんやおばあちゃんが望んでいるのは、時間の共有であり、一緒にいてくれることなんです。ですから、帰る際、「次回は何日の何時に来る」という約束をします。すると、それが大きな楽しみになるんですよ。

忍　暮らしの中に楽しみを持つことは極めて重要で、人との関係においての楽しみであれば、なおさらです。

川本　特に相手が異性であれば、ものすごい活力を生みますね。まるで青年期に恋人を持つような感情がわいてくるようで、ほとんど寝たきりだったおばあちゃんが、お茶を用意して待っていてくれたりします。

求められるのはほどよく関わる人

忍　高齢者の孤独について、私自身のことを申しますと、80代になり、息子らが「一人暮らしが心配だ」と言うので、大学生の孫が同居していますが、日中はもっぱら一人で読書か原稿を書いています。すると、言葉を忘れてしまうんじゃないかという恐怖に駆られ、夕方、居酒屋に向かいます。そこで、なじみの人とよもやま話に興じてほっとする…。また、定期的にテニスや卓球をしていますが、これも健康だからできること。健康を害したら寂しくなると思います。

川本　スポーツでリフレッシュすることも、愚痴が言えるところに行くこともままならなくなりますね。

忍　同年代の友人を見ても、心身の健康維持を考えて生活している人と、何もしない人に大きく分かれます。

川本　80代になると、個人差は一層大きくなりますね。

忍　日本人は、集団同調性といって、自己の基準よりも集団の要請に応じて安心します。高度経済成長

家庭で、地域で、孤立している人がいます。寂しさを理解し支えるシステムづくりが必要です。

の中で価値観が変容し、それに対応していかなければならないけれど、自分で考える習慣がないから、どうしてよいのかわからない。そのしわ寄せが高齢者にきています。

川本　私もそう思います。うちに来ているお年寄りや地域のお年寄りを見て思うのは、役割をなくしているということです。かつては、高齢になったら孫の面倒を見るという大きな役割がありましたが、今は同居していないので、それがない。「自分の身の回りのことさえしてくれればよい」といったことを言われ、周囲から必要とされなくなっているんですよ。

忍　調査してわかったことですが、同居していると緊密な家族関係を持つが、別居してそのコミュニティー（地域）から離れると関係が薄れる。何年も行き来していない。電話もこないというのが、今の日本の家族に多いんです。血縁、地縁がなく、唯一あるのは職場の社縁。だから、それがなくなると大変なことになっちゃうんですよ。

川本　関わってくれる人がいないということが一番の問題です。

忍　支えてくれる人もさることながら、自然体で付き合える人がいないとだめですね。ところが、男は社会との関係づくりがへたでね。私が参加しているサークルも女性は大勢参加していますが、男は少ないです。

川本　地域の公園に桜が咲けば、女の人はそこで一時間ぐらい立ち話ができるけれど、男は「あ、咲いたね」で終わりです（笑）。会話の持続ができないんですね。

忍　個人的なつながりが作れない人に対し、社会がどうやってつながりを用意するかが問われますね。

川本　決して他人事ではないんですよね。

経済的な問題も抱え込まずに相談を

忍　先ほど述べましたが、私は原稿を書く、定期的にスポーツをするなど、自身の生活目標を設けています。それを行うには心の中でせめぎ合うものがあるし、人との関係において葛藤もあります。

川本　どのような葛藤ですか。

忍　例えば、何かに参加したら、役員をやれと言われる（苦笑）。人と付き合うのは、確かに面倒です。でも、積極的に取り組んでこそ、生きがいというものが感じられるんじゃないでしょうか。しかし、成長過程での環境をはじめ、健康や所得なども影響し、高齢期になって生きがいを見いだせない人もいるわけです。認知症になったら、もう無理ですよ。そういう人をどう支援するかは、社会的な課題です。

川本　今、所得に触れられましたが、高齢者はお金が頼りなんですよね。それを家族が預かるようになると、自分の存在価値や生きがいを見いだせなくなってしまうんです。

忍　とかくお金は、人間関係までもおかしくしてしまいますね。本人の意志や状況を顧みないで年金を取り上げてしまうのは、経済的虐待です。

川本　収入が少なく生活に困窮しているようであれば、民生委員として相談にのることはできますが、家族の経済問題となると他者は口をはさめません。権利擁護とか、後見人に関する働きかけをもっとやらなければと思います。

忍　成年後見制度（※4）について、多くの方に知ってもらわなければなりませんね。

川本　自分で判断できるうちに、制度を活用できるようにもっていかないと…。それから、自分の持ち家を担保にして金融機関などからお金を借りるリバースモーゲージ（※5）も、もっと活用されるとよいのですが、あまり知られていません。

忍　うーん。困っている方の相談に応じて、常々感ずるのは、何でも家族で担おうとするということ。公的援助・サービスを利用すれば、そんな辛い思いをしなくてもいいはずなんですけどね。

川本　一歩踏み出すまでに、時間がかかるんですよね。

顔見知りになり困りごとが話せる仲に

忍　高齢者に限らず、悩みがあっても相談できない人に対し、自治会などが積極的に働き掛けていかなければなりません。

川本　顔見知りになっていなければ、相談はしないですよね。

忍　寂しくてたまらない人は確かに増えているけれど、若い人の中には孤独になりたいという人もいる。高齢者前期は「構わないでほしい」と言うけれど、高齢者後期になると構ってほしくなる。なかなか難しいことだけれど、ニーズに応じた援助が組織化されるとよいですね。

川本　実は私、事業所を始めてから、町内会の役員と地域の全世帯を回り、一人暮らしの人に「困ったことがあったら、いつでも言ってきてほしい」と伝えました。そして、事業所内にいつでも集える場所を作り、気軽に遊びに来てもらっています。

忍　お年寄りにとって、近所にお茶飲みがてら出掛けられるところがあるのは、何よりです。

川本　4年ほど前、町内会の総会で「本人と家族の同意がある場合、情報を共有して、みんなで応援する」という趣旨のことを規約に盛り込んでもらい、一人暮らしの方、老夫婦の方、障がいのある方のお宅を回ったところ、96％の世帯から情報共有の承諾書がいただけました。

忍　それはすごい。私は随分昔、「自治会や子ども会を活発に」と提案したら、「何でそんなことをするんだ」と言われました。そうした意見もあるから、おせっかいにならないよう、みんなして気を配る風潮があると思うんですが…。

川本　「助けてほしい時に声を出して」ということで了解をもらうのは、余計なことではありませんから、おせっかいにはなりませんよね。私は、ひたすら地域を歩いて回って声を掛け、顔見知りを増やしています。

忍　川本さんの地域のように、困っているのか、いないのかといった情報を、どこかが本腰を入れて共有しなければなりません。町村なら社会福祉協議会、都会ならＮＰＯなどでしょうかね。

川本　そうなりますかね。役所から民生委員児童委員にくる個人情報が第三者にもれることはあり得ないことですが、近所づきあいは、また別のもの。そういう考えで私たちは行動しています。

忍　隣近所で何かあれば、隠そうとしたって、みんなわかっちゃいますよ。
川本　ええ。「○○さんは、最近、買い物に行ってないようだ」といったことも、近所の誰か彼か気づいているものです。
忍　互いに困りごとを隠さない雰囲気を作ってしまうことですね。
川本　アパートは訪問しやすいんですが、最近のマンションはオートロックになっていて、エントランスでインターホンを押しても、まず出ないですね。
忍　それは困ったものです。
川本　だから、何かの用事で外に出て来たとき、すかさず声を掛けます。「おはよう」、「こんにちは」の後に、「寒いですね」とか、ひと言付け加え、立ち話をして自分の名前を覚えてもらう。そうして顔見知りになると、「川本です」と名乗れば、戸を開けてくれるようになります。
忍　私は家内に先立たれたのですが、家内が闘病中、当時住んでいたマンションの奥さま方が、「手伝えることがあれば言ってください」と声を掛けてくださって、ローテーションを組んで家内に付き添ってくれました。本当にありがたかったです。
川本　そうですか。その奥さま方は、とても上手な声掛けをなさいましたね。
忍　しかし、社会とのつながりがなく、孤独なのは高齢者に限ったことではありません。若い人の中にも大勢いますね。
川本　児童養護施設の理事を務めていることもあって、子どもの相談も受けているのですが、不登校の子どもは行き場所がないんですよね。で、家に引きこもる。そういう子に「支心」へボランティアで来てもらうと、すごくいい表情をするんです。お年寄りが、自分の話を聴いてくれますから…。
忍　話し相手がいるか、いないか。いないなら、どうやって作るかですね。
川本　今、話した子らは、話し相手というより、ただひたすら聴いてくれる人がほしいんです。お年寄りは反論しないで、「大変だね。そうかい、そうかい」って、ずうっと聴いてくれるから、子どもたちも居心地がいいのだと思います。

福祉施設や相談窓口を理解し利用する教育を

忍　ところで、川本さんが、「傾聴」に着目したきっかけがあれば聞かせてください。

川本　１９９３年の北海道南西沖地震で大きな被害を受けた奥尻に、大学の後輩や勤務先で実習指導した子たちにボランティアで入ってもらったんです。被災した子どもやお母さんたちに接して彼・彼女らは、２週間なり３週間、徹底的に受け止める人がいなければ、被災した人は前に進めないことがわかった。その報告を聞いて、傾聴の大切さを思い知りました。

忍　そうですか。

川本　傾聴は、「こうしよう。ああしよう」というのではなく、その人の思いや言葉を徹底的に受け止めること。それから先はカウンセリングで、一緒に考えて進んでいくことになります。

忍　傾聴は、福祉相談の基本ですね。ところが世の中は、そうはなっていない。また、福祉に関する教育が行き届いていないのも困ったものです。福祉事務所はどんな機能を持っているのか、児童相談所とはどういうところなのか、福祉サービスとはどのようなものか、困っているときは、どこに相談すればよいのかといった基礎的なことを、高等学校ぐらいの段階でしっかり教えるべきですよ。

川本　同感です。先天的な障がいのある人は、障害者手帳や手当・年金について早くから教えられ、対応できていますが、中途障がい者でそうしたことを知らず、手帳や年金の手続きをしていない人が結構いるんです。

忍　知る機会がないし、教えてくれる人もいないということでしょう。民間の福祉活動も活発で、がん患者の会や認知症の人の家族の会などに入れば、話を聴いてくれますし、有益な情報が得られます。また、相談にも乗ってくれますから、そういう団体があることを知っていると、心強いものです。

川本　そうしたことと同時に、デイサービスや小規模多機能型居宅介護など、福祉の小規模事業所が核となって地域の協力体制が整えば、社会は変わっていくと思います。

忍　期待しています。特に北海道では、「でっかいどー」とばかり、大学でも福祉施設でも大きい方がよいと思っていますが、教育や福祉は小さい方がよいと思います。もちろん質が高いことが大前提となりますが。

川本　忍先生にも、あと10年は頑張っていただきたいです。

忍　いやいや。世代交代しなければ（笑）。川本さんは、本当に尽力されています。くれぐれもお体大切になさってください。本日は、ありがとうございました。

（２０１４年1月10日）

『民生委員児童委員活動と傾聴』

川本俊憲さんの講演を一冊の本にまとめたもの、傾聴の心得とともに具体的に述べられている。
（公益財団法人民生委員児童委員連盟、2013年発行、民生委員児童委員に配布）

※1　小規模多機能型居宅介護：利用者の様態や希望に応じ、施設への「通い」を中心に、短期間の「宿泊」、利用者の自宅への「訪問」を組み合わせ、家庭的な環境と地域住民との交流のもと、日常生活における支援や機能訓練を行うもの。

※2　傾聴：話し相手の言葉をただ聞くのではなく、その人がどのような思いでいて、今、言葉として出ているのはこういうことだと考え、共感しながらひたすら耳を傾けること。

※3　ピアカウンセリング：ピア（peer）は仲間の意。悩みや障がいは、同じ状況にある、あるいは同じ経験を持つ人が最も理解できるという観点から、仲間として相談にのり、一緒に解決策を考え、相談者自ら問題を解決できるよう導く手法。

※4　成年後見制度：認知症、知的障がい、精神障がいなどの理由で判断能力の不十分な人を保護・支援する制度で、選任された人が、財産管理や福祉サービスなどの利用契約、遺産分割協議などを代理して行う。法定後見制度と任意後見制度がある。

※5　リバースモーゲージ：高齢者などが、持ち家を担保に金融機関や自治体などからお金を借り、年金または一時金としてお金を受け取る手段。契約満期または死亡時のどちらか早い時期に一括返済しなければならない。

「ノーマライゼーション対談」（『WITH《ウィズ》 LIFE《ライフ》』41号　2015／4）

楽しく食べ、まめに動き、よく笑い　仲間と支え合って健やかに暮らそう

健康クラブ　事務局長　山口　幸子さん
社会福祉法人北海道社会福祉協議会　副会長　忍　博次さん

死ぬまで元気でいたい。その思いは、一般に年齢を重ねるほど強くなるようです。健康を踏まえた食生活、適度な運動、友人や知人との談笑を心掛けていても、継続させるのはなかなか難しいもの。しかし、近隣に仲間がいれば楽しく実践でき、生きがいにもつながります。それを実践しているのが、『健康クラブ』（北広島市西の里）の面々。同クラブが共催する『脳・足きたえーる教室』を、社会福祉の推進に尽力する忍博次さんが見学し、同クラブをけん引する山口幸子さんと、高齢期における健やかな暮らしについて語り合いました。（取材・文／大藤紀美枝）

体育館での運動のあとレストランで昼食をとり、和やかに語らう山口さん（写真右）と忍さん

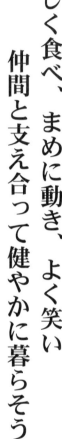

地域の仲間と活動し
老人ではなく朗人に

――『脳・足きたえーる教室』を見学された忍さんの感想からお聞かせ願えますか。

忍　準備運動の太極拳とラジオ体操を含め、プログラムがしっかりしていると思いました。みなさん姿勢がよく、活発に動いていましたし、何より楽しそうでした。平均年齢は幾つぐらいですか。

山口　脳・足きたえーる教室には、『健康クラブ』の会員30人ちょっと参加していまして、60代がチラホラ、80代も結構いますから、平均すると76、77じゃないでしょうか。男性は80代が多いです。

忍　ほお。私と同年代ですね。健康クラブは、一般に言うところの老人クラブですよね。

山口　はい。平成6年から西の里にあるサルビア公園で大人のためのラジオ体操会をやっていまして、5年後に「朗らか人」と書く朗人クラブに模様替えし、『健康クラブ』の名称で北広島市に老人クラブ登録しました。会員は現在１２８名です。

忍　大所帯ですね。

山口　西の里地区だけでも４つ、全市には29の老人クラブがあり、会員数において健康クラブは最大です。

忍　なるほど。今、お話に出た大人のためのラジオ体操会とは、どのようなものですか。

山口　５月から10月まで、日曜・祝日、雨の日以外は毎朝６時半に公園に集まって、ラジオ体操と太極拳をやるもので、誰でも参加できます。始めたきっかけは、夏休みの子どもラジオ体操会に参加していたおじいちゃんの「大人のラジオ体操会もあればいいのに」というつぶやきです。友人２人と私とで大人のためのラジオ体操会を企画し、案内を町内会に回覧したら30人ぐらい集まりました。ラジオ体操だけなら家ででもできますから、「体操会としてプラスアルファを」と太極拳を加えました。

忍　私も教室に通って太極拳をやっているんですよ。

山口　そうですか、体に優しくていいですよね。
忍　今日、体育館で太極拳をやっているとき、参加者の姿勢を正して回っていた人は先生ですか。
山口　はい。大人のためのラジオ体操会で太極拳にはまり、本格的に学んでスペシャリストになりました。彼女も80歳を超えているんですよ。
忍　そうしたやる気もまた、若々しさの秘訣ですね。

高齢期こそ運動を日課に

――大人のためのラジオ体操会を始めたころ、山口さんはお幾つでしたか。
山口　50代半ばです。当時、町内会の役員をやっていて、夏休みの子どもラジオ体操会に世話役で出ていました。先ほど申しましたように、たまたま耳にしたおじいちゃんの一言に衝き動かされたわけですが、一声掛けただけで30人も集まったのですから、それだけニーズがあったのだと思います。
今日ご覧いただいた『脳・足きたえーる教室』の前身は貯筋教室で、公園でラジオ体操会ができない冬場の運動対策として始めました。
忍　こうしたことができるのは、地域性もあるのでしょうか。健康に気をつけるとか、文化活動が盛んだとか…。私が住んでいる大麻もサークル活動が盛んです。さまざまなスポーツやダンスクラブが体育館を利用していて、空いていることがありません。さらに団結力もあって、卓球などは技量も高い。いろんな大会でいい成績をとっています。
――忍さんは、卓球の全道大会にも出場したそうですね。
忍　ええ。平成23年の80歳以上の部で3位でした。十分満足しましたから、以後、試合には出ていません。試合に出るとなれば、ストレスがたまります。何しろもう84歳ですからね。今やどこへ行っても一番年上になりました。
山口　スポーツができる体を維持しているのは、ご立派です。

忍　夏場はテニスもやっています。実は70代半ばでがんを患いまして、手術を受けました。以来、免疫力を落とさないよう食事に気をつけ体を動かすよう努めたら、体調がよく、仕事の能率も上がり、運動効果を実感しています。

山口　私は朝起きると、まずストレッチを30分ぐらいやるんですけれど、体が軽くなり、気持ちよく一日のスタートが切れます。

忍　よい習慣ですね。私は時折、運動に出たくないと思うことがあるのですが、「今日休んだら明日も休みたくなるから、休んではだめだ」と自分に言い聞かせています。要は生活のリズムなんです。一日のリズム、一週間のリズム、一年間のリズムを考え実践したら、どんどん元気になりました。

　ところで、健康クラブでは体操会などの参加者の身体状況や技量の測定のようなものを定期的に行っているのですか。

山口　いいえ、そうしたことは行っていません。高齢になれば大抵の人が病気を持っていますから、身体的なことはお医者さんと相談して自己管理するしかないと思います。また、「人と比べられるのが嫌だ」という人もいますから、技量を競うこともしません。

　ラジオ体操会も脳・足きたえーる教室も運動を目的として集うわけですが、同年代の仲間とたわいのない話をしたり、ゲーム性のある運動に興じたりと、普段の家庭生活にはないことができることが大きな楽しみになっています。

忍　私は運動をしていて、血圧が正常化したとか自分がどれくらい上達したかとかが気になりますし、成果が励みにもなっていますがね。

山口　そういうものを求める人は、スポーツクラブに通っていますね。健康クラブのボウリングを楽しむ会（月1回開催）でも点数を競いません。でも年2回の大会は別。意外や意外、いつも若い人が負け、この間のボウリング大会では「ひざが痛い」と言っていた85歳のおばあちゃんが優勝しました。

忍　痛快ですね。喜んだでしょう。

山口　「ひざの具合、どぉ?」と尋ねると、「治ったみたい」と言っていました（笑）。

地域に支え合えるネットワークがあると
毎日楽しく、安心して暮らせます。

山口　幸子（やまぐち・ゆきこ）
北広島市西の里において地域活動に励み、1994年有志で大人のためのラジオ体操会をスタート。高齢者が集う朗人会を設立、1999年『健康クラブ』の名称で老人クラブとして市に登録。事務局長を務め、会員の親睦、交流に尽力。
1940年生まれ、北広島市在住。

体を軽くし心を開く
大人のラジオ体操会

——公園でのラジオ体操会は、全国的な広がりをみせているようです。

忍　喜ばしいことですな。

山口　ラジオ体操会は、発起人がいれば開け、5人でも10人でも成立します。また、ボランティア的なラジオ体操の世話役を作れば、そこが核となって地域の高齢者や引きこもっている人が外に出てくる機会を作ることができます。

　現にうちの会で、ご主人を亡くして以来、7年間、外部と断絶していた人がいるんです。彼女をラジオ体操会に誘った人がいて、それがきっかけで健康クラブにも参加するようになりました。帰り道でおしゃべりをし人間関係ができるところも、ラジオ体操会のよいところです。

忍　女の人はうらやましいです。おしゃべりができるから。男はしゃべりませんね。私も女性から話し掛けられれば応じますが、自分からは遠慮があって話し掛けられません。男は運動に興味があるから、脳・足きたえーる教室のようなものであれば参加しやすいですし、性別を意識せずコミュニケーションできる運動が組み込まれているところもありがたいです。

山口　高齢になると、運動の場に顔を出すだけでよい方、出てこない人が大部分です。出てこない人には、「とにかく〝だるまさん〟（動かずじっとしていることのたとえ）にならないようにしよう。家の中でも筋肉を鍛えよう」と呼び掛けています。

忍　〝だるまさん〟は、何に起因するかと言えば、初老期のいろいろなストレス。最初の大きなストレスが定年退職です。

山口　男性の場合、そうですね。

忍　覚悟はしていても、いざ定年なったらものすごいストレスで、うつ状態になる人が多いです。自身の経験を話せば、60代で家内に先立たれ、ひどいうつ状態がしばらく続きました。そんなときに、健康クラブのようなところに声を掛けてもらうと、本当に助かると思います。

山口　普段から集い、付き合っていれば、「うつ状態だな」、「認知症がかったな」というのがわかります。気心が知れていれば、「今のうちにお医者さんと相談して、必要であれば治療したら」とアドバイスすることもできます。

忍　気軽に支え合える人間関係を築くには、集う場を設けるだけでなく継続させることが肝要ですね。しかし、それをするには事務局がしっかりしていなければなりません。山口さんには感服します。

山口　いえいえ。協力体制がしっかりしているところこそ健康クラブの強みです。40数年前、住宅供給公社が分譲したところに一斉に入ってきて、子どもたちが一斉に小学校に入り、お母さんたちがＰＴＡでつながり、そこが核となってツーと言えばカーという人間関係ができ今日に至っていますから、一人一人がよく動いてくれます。

充実した食事、運動、社会参加が健康の柱。生活のリズムや仲間づくりも大切です。

食生活を豊かにする手づくりの楽しみ

――健康維持に運動は欠かせませんが、食生活に留意することも大事ですね。

忍　もちろんです。健康の素は、やはり食べ物です。私は、現在、大学生の孫と暮らしていますが、食べ物の志向がまったく異なるので、自分の食事は自分で作っています。

山口　まぁ、ご自身で作っていらっしゃるんですか。メニューはどんなですか。

忍　量は少なめにし、食材の種類を多くするようにして、ご飯、みそ汁、漬物は欠かしません。トマトも毎日食べています。漬物は、ぬか漬けも作りますが、一夜漬けが一番好きです。酒の肴にもなりますからね。

山口　みそ汁と漬物がお好きなら、塩分を摂り過ぎないよう注意しなければいけませんね。

忍　高血圧が唯一の持病ですから、塩分に注意はしていますが、「運動をして汗をかけば、塩分なんて吹っ飛んでしまう」という考えで暮らしています。

――みそと言えば、健康クラブの方々は「手づくりみそ」を作っているとか。

山口　はい。健康クラブでは毎年、希望者を募り十勝産の大豆、製造直営店のできたての麹、天日干しの塩を共同購入して、各自家庭で仕込んでいます。今年は大豆を250キロ購入しました。私自身は6キロ購入。夫婦二人なら大豆2キロで、1年分のみそが作れます。手前みそですが、私たちのみそは、とてもおいしいです（笑）。初めて挑戦する人や作り方を忘れちゃった人のために、11月末に西の里会館の調理室で仕込み教室を開いています。

忍　素晴らしい取り組みです。みそは日本の大切な食文化ですからね。にもかかわらず、みそ汁を飲まない人が増えている。また、高齢者で三食きちんと食べていない人が多いのも問題です。男の一人暮らしだと難しいのかもしれませんが…。

山口　栄養バランスやカロリーに配慮した配食サービスを利用する手もありますよ。

忍　家で既製の弁当を一人で食べるのは味気ないですよ。誰しも一日に一度は、誰かと食事したいんじゃないかなぁ。

山口　ＮＰＯ法人で、「日だまり」とか、いろんな名前を付けてお昼だけ食べさせてくれるところもあります。こうした必要な情報が、高齢になってもスムーズに得られる環境が用意されるとよいですね。

確かな情報を得て
健康管理も買い物も賢く

――健やかに暮らすために必要なものを、さらに挙げていただけますか。

山口　年をとると医療機関のお世話になることが増えますから、よい病院が近くにあると安心ですね。

忍　医療環境の充実は極めて重要です。西の里はどのような状況ですか。

山口　おのおの近くの病院、新札幌の病院、長沼町にある病院などにかかっています。

忍　ほお、長沼の病院ですか。

山口　はい。高度な医療機器を備えた内科消化器科の病院で、西の里は年会費を払うと自宅と病院とを車で送り迎えしてくれるエリアに入っています。

忍　それは好都合ですね。病院が選べない医療過疎地に暮らす人にとっては、うらやましい限りでしょう。

山口　専門外の病気が見つかれば、専門病院を紹介してくれますから、ネットワークがしっかりしているところも魅力です。

忍　健康クラブでは医療情報も提供しているのですか。

山口　はい。日頃、いろんな話をする中で情報交換していますし、専門医を招いて講演会を開くこともあります。そうした情報は、毎月発行している「健康クラブ便り」でお知らせしています。

忍　仲間同士、情報交換していると、オレオレ詐欺にも引っ掛かりませんね。

山口　オレオレ詐欺だけでなく、壁の塗り替えやアンテナの修理などに関した悪徳商法も問題になっていますでしょ。悪徳商法や解約できるクーリングオフ制度に関する情報を流すとともに、消費者協会の方を招いて、だまされないための勉強をみんなでしています。

忍　昨今、詐欺が横行しています。身近に相談できる人がいると心強いですね。

山口　買い物も上手にしたいですから、健康クラブでは間違いのない物を安価で購入できるよう、信頼できる業者に協力店になってもらっています。塗装屋さん、燃料屋さん、葬儀屋さん、新鮮な魚介が食べられるお宿など、協力店は10社に上ります。

忍　葬儀屋さんまで入っているんですか。

山口　ええ。葬儀屋さんの送迎バスに乗って斎場見学にも行きます。お棺の寝心地を確認する入棺体験など、みんな結構楽しんでいましたよ（笑）。

忍　いろんな体験をしておくと、いざというとき安心ですね。

山口　いざというときのお話をしますと、「夫が末期がんで、余命3カ月と言われたけれど、病院から出なければならない。どうしたらいいだろう」と相談にみえた方がいます。「ご主人を支えるのは家族だけれど、あなたを支えるのは周りにいる私たち。お宅で看護してみない」と助言して、がんの訪問診療専門のお医者さん、訪問看護師さん、ヘルパーさんらとつなぎ、たくさんの人が協力してお宅で看取りをしました。

忍　地域のネットワークを遺憾なく発揮したわけですね。

支え合い励まし合える人間関係を

——精神状態も健康を左右しますね。一人暮らしだと不安も募るのでは。

山口　高齢社会にあって、地域の中に友達を作らないと、生きていくのが大変です。友達と言うより、支え合えるネットワークと言った方が適切かもしれません。健康クラブの中にも一人暮らしをしている人が何人もいます。暴風雨や猛吹雪のときなど、一人暮らしだと不安でしょうし、夫婦で暮らしていても、一方が認知症がかかっていたら心細いと思います。
　この間の暴風雨のときは、荒れるとの情報が入った段階で、一軒一軒に電話を掛け、停電になると通常のストーブは使えなくなるので、懐中電灯だけでなく湯たんぽなど暖をとるものを用意し、薬を飲むときやトイレを使うときのために水をくみ置くようアドバイスしました。
忍　電話をもらった人はうれしかったでしょうし、ほっとしたんじゃないですか。年をとると、わずらわしくなることや一人でできないことが増え、それがストレスになります。地域のネットワークは、そうしたストレスを随分軽減していると思います。
山口　健康クラブは、活動に賛同して入った人ばかりですから気心が知れ、それぞれの家庭の事情がわかります。ですから、相当立ち入ったことができますが、町内会組織だと、そうはいきませんね。
忍　プライバシーだとか、個人情報だとか言って、どこも誰も何も教えてくれないですからね。
山口　役所も教えないし、本人自体、情報を出したがらないですもの。
忍　うちの町内会では、敬老の日に喜寿とか米寿のお祝いを届けるに当たり、「何年何月何日までの人は該当しますから申し出てください」と個人申告制にしました。年齢もおちおち聞けない面倒な世の中になりました。
山口　シーズネット（※1）をけん引された故・岩見太市さんが「地域家族」を提唱されましたが、家族といかないまでも、地域の中に世話を焼く人がいると核ができます。とはいえ、どこまで〝おせっかい〟をすべきか悩むところです。例えば、人づきあいを避けている人に、毎日、声掛けするのも、いかがなものかと思います。プライバシーの問題だけでなく、その人の生き方というものがありますでしょ。
忍　おっしゃるとおりです。孤独を愛する気持ちもわかります。私は人間は孤独な時間を大事にしなければならないと考え、普段そうしていますが、病気のときは別。風邪を引いて、熱が出て、ご飯が作れないと、ケータイの住所録で家に来てくれそうな人の名前を探します。

山口　孤独死する人は、そうしたネットワークを持たないんですよね。

忍　これだけ孤独死が増えてくると、やはり誰かがおせっかいしないと…。地域の世話焼きさんに期待するしかないのかなぁ。

張り合いを持ち元気に若々しく

――高齢期の社会参加のきっかけについて、具体例を聞かせていただけますか。

山口　デイサービスも社会参加のきっかけになると思います。近頃は、デイサービスの中でも、「カラダラボ」（※2）が人気です。食事や入浴サービスがなく、午前か午後、3時間ほど運動（リハビリ）するだけですけどね。

忍　食事と風呂こそデイサービスの魅力だと思いますが…。

山口　人それぞれですから（笑）。で、カラダラボなどデイサービスに行くと、いい男や可愛いお姉さんがスタッフとしているわけです。そういう人が笑顔で優しくお世話してくれますから、非常に心地いいんです。

忍　その点においては納得です（笑）。

山口　デイサービスを利用するようになると、みんなおしゃれになります。異性を意識すると、八十歳を超えても変わるんですね。あるおばあちゃんが、「デイサービスに行くときの洋服買いに行きたい」と言うので、「運動するのだからジャージでいいんじゃないの」と言ったら、「新しい洋服が欲しいの」って反論されました（笑）。

忍　社会参加の道筋とは、そういうものでしょう。

――健康クラブは、西の里小学校の児童とも交流しているそうですね。

山口　ええ。12年前、西の里小学校から健康クラブに「3年生に出前授業を」との依頼があり、以来、毎年、6月に昔遊び、12月に昔の生活について2時間ほど出前授業しています。

昔の生活については、『私たちが3年生だった頃』と題した劇を作り上演してきました。10年を区切りに劇をＤＶＤ化し、現在はＤＶＤを上映しながら、天秤棒を使った水くみと、瓶に玄米を入れた玄米つきを子どもたちに体験してもらっています。

忍　子どもたちの反応はいかがですか。

山口　昔はきょうだいが多かったことや子どもが家庭の働き手だったことに、新鮮な驚きがあるようです。地域の小学校との交流事業は、私たち高齢者が自分たちの体験を伝える貴重な場となっていますから、みんな張り切って参加してくれます。

忍　自分たちの話を子どもたちが聞いてくれ、目を輝かせてくれれば、楽しくてしょうがないでしょう。張り合いは元気の源ですし、健康促進にもつながります。

お話を伺って、食生活、運動、レクリエーション、コミュニケーションを網羅した健康クラブの取り組みに感心するとともに、多方面にネットワークを持つことの大切さも痛感しました。地域で支え合い、安心・安全な環境が整ってこそ健やかな暮らしが実現します。健康を気にしていながら、健康づくりに二の足を踏んでいる方は、こうした暮らしを参考にして一歩踏み出していただきたいと思います。

（２０１４年12月20日
札幌市清田区 パスタエクスプレス・ベイジルにて）

※1　シーズネット：高齢者による新しい仕組みづくりに取り組む特定非営利活動法人。「仲間づくり」、「居場所づくり」、「役割づくり」、「支え合い」をテーマに、特にシニア世代に向けて情報を発信している。

※2　カラダラボ：リハビリ特化型デイサービス。生活の改善・維持を目的に、各自の筋力・体力に合わせた運動プログラムでリハビリを行う。午前の部、午後の部から選択できる。

″望ましい福祉″のための思考枠組

「どうなる、どうする、これからの福祉」（『WITH《ウィズ》 LIFE《ライフ》』32号　2010／8）

政権政党になった民主党は福祉関係法のいくつか（後期高齢者医療保険制度や障がい者自立支援法など）を改廃、新法を作るというがまだその全貌は明らかになっていない。本稿ではこれまでの福祉政策や援助の思想を考察し、望ましい福祉のためにどんな思考枠組みが重要か考えてみたい。

直面する社会問題→福祉需要

経済や社会のひずみ、そして制度の不備は個人の生活に反映する。ではどんな社会問題がわれわれの生活を覆っているのであろうか。顕在化する福祉ニーズ（援助の必要性）を意識しながら簡単に整理してみよう。

格差社会と貧困の拡大……長引く景気の低迷、加えて新自由主義経済政策は失業増と労働者の所得格差を顕著にした。いまや相対的貧困率世界2位（15・7％）。生活保護世帯は130万に達している。

少子・高齢社会……今は騎馬戦型だが、団塊の世代が後期高齢者を占めるころになれば肩車で一人の高齢者を背負わねばならなくなる。持続可能な社会保障制度の確立は緊急の課題であるが、少子化は社会保障の担い手、生産年齢人口の弱体化を意味する。未来の国家の活力、労働政策としても暗い影を落とす。

財政窮乏……国家が抱える借金は1千兆に近いという。危機に陥ったギリシアの借金以上である。社会保障・福祉サービスの拡大は財源を必要とする。財政、社会資源は有限、福祉需要は拡大の一途。財政との調和をどうとるか。政治は難しい舵取りを迫られている。

地域社会・家族の解体……高度経済成長は産業構造を変え、人口移動と過疎・過密を促し、ひいては地域の文化、人々の結びつきを壊した。また共同体の解体は互助、扶養意識を希薄にし、孤独な人びとを生んでいる。加えて格差はストレス社会を醸し、差別、暴力、虐待、自殺を多発させる要因になっている。

新しい社会福祉への模索

これらの社会問題は福祉ニーズを生む病根であり、その解決は国の政治と経済政策の重要課題である。しかしこの課題解決は容易でない。市場経済の混迷のしわ寄せとして噴出する福祉ニーズに福祉政策はどうアプローチしてきたか。

景気の低迷した1990年代、危機を意識した国は制度改革に乗り出した。たとえば介護保険法、障害者自立支援法、医療制度改革関連法、後期高齢者医療保険法などの制定である。これら一連の改革は中央社会福祉審議会が1998年にまとめた社会福祉基礎構造改革の思想を現実化したものであるが、反面、政府の経済財政諮問会議の社会保障費削減の規制を受けた矛盾した苦しい制度改正であった。

基礎構造改革の思想

対人福祉サービスと社会福祉供給の枠組みの2つの柱に分けて捉えてみたい。

① 対人援助観→援助の原則

最も重要な思想は措置制度から利用者主体の福祉への転換である。これまでの福祉サービスは援助を求める人に対して措置という行政権力の行使であった。これからは利用者の権利を尊重し、利用者がサービスを選択し、福祉供給主体と対等な関係で契約し、サービスを受けるようになった。

第2に主体的にということはパターナリズム（家父長慈恵主義）からの脱却である。措置は行政の傘の下の配慮であった。これからは本人の意思を尊重し、自己決定・自立を支援する。自己決定の弱い人のためには権利擁護制度が用意された。

第3に地域を基盤にした福祉の推進である。自立に地域での支援システムが欠かせないし、何人も排除しない共生社会を志向する。住民個々のニーズを尊重したサービスネットワークの形成、それをささえる社会資源の組織化、住みよい「まち」作りのため住民主体の地域福祉計画が求められている。

② 福祉供給の枠組み

措置時代と違うのは福祉に市場経済を導入し、企業の参入を図ったことである。それは福祉需要の増大・多様化に応えるためと、民間活力導入による供給主体間の競争により、サービスの質の向上を期待したからである。

第2に利用者のサービス選択とサービスの質を保証するために、情報を公開し、供給主体の透明性を図ったこと。さらに供給主体の自己評価、第三者評価を重要視したことである。

具体的制度改革の方向と功罪

この福祉思想の転換は実際に介護保険制度で現実化されている。自立と利用者本位のサービスを可能にするために地域包括支援システムが作られ、ケアマネージメントが重視されている。現場のソーシャルワーカー・介護支援専門員は当事者の自己決定と権利擁護を絶えず意識してサービスの質を考えるようになった。供給主体も情報開示に積極的になり、第三者評価も進んでいる。

ただ国が絵を描いた自立生活支援、地域医療はまだ不十分である。障がい福祉計画で目標とされた障がい者施設利用者地域移行は施設の努力に依存しすぎだし、病院・診療所連携のシステム化も地域によって格差が目立つ。地域福祉計画も自治体の差が大きい。

直接サービスを担う福祉施設や福祉従事者が最も戸惑っているのは、持続可能な社会保障の名の下で遂行されている歳出削減とサービスに対する自己負担増である。応益負担が言われ利用者はサービス費用の1割負担が求められる。介護度あるいは障がい区分の重い人ほど自己負担が大きくなる。施設を利用すればホテルコスト、食費、日用品費も負担しなければならない。さらに介護保険や医療保険など保険料も嵩む。低所得者には辛い制度になった。

一方、報酬単価は日割り計算になったから、その日の欠席者へは支払われず、その分サービス供給主体の収入は減ることになった。福祉供給は労働集約型の産業である。経営は大部分サービスに対する報酬によってなされる。国によって決められた報酬単価が低いから福祉従事者の給料は低く抑えられるのである。

市町村の抱える悩み

地方分権で施設の利用、在宅福祉など身近な福祉を管理する責任は国から地方自治体へ移管された。市町村の悩みは大きい。

① 地域移行への支援

療養型病床削減、自立生活は市町村の地域生活支援を期待する。しかし財政難、社会資源不足に悩む市町村の多くは及び腰である。国の指示待ち、助成期待の姿勢が強い。

② 地域格差

地方は疲弊し、人口減と高齢化の進行に悩んでいる。貧困、医療資源不足、介護需要の拡大そして消え行く集落対策など、福祉需要の拡大に財政がついていけないでいる。

③ 社会福祉専門性の不足

包括支援、医療・看護、介護のみならず、認定審査会、権利擁護、福祉計画にいたるまで福祉の専門性が求められる。サービスの質、地域組織化などに影響している。

大切な4つの視点

どんな福祉が望ましいかは国によってさまざまである。日本は制度設計に当たって福祉先進国のよいとこ取りをしてきた。基礎構造改革のキーワードである利用者主体、自立生活、自己決定、権利擁護、包摂社会も欧米の思想的影響を強く受けている。社会福祉関係者はこの価値観をすでに当然のこととして実践し、限られた財源、社会資源の中で苦闘している。問題の認知からどんな福祉の構造を組み立てるか。政策は政治・経済・国民意識の複雑な関係の中で決められるが、どんな政策を採るにしろ、見逃してはならない留意点がある。結びにそれを指摘しよう。

① 低所得層に配慮

雇用労働者の3分の1は非正規雇用である。不景気による安易な解雇は貧困を拡大した。また社会保険の負担、サービス利用の自己負担に悩む高齢者は多いし、生活保護受給者の4分の1は高齢者である。障がい者はサービスの応益負担に怒りの声を挙げている。貧困救済・低所得者対策は福祉政策の基本である。予防も含めたきめ細かい対策が望まれる。

② ニーズに応じたサービス

自立生活、在宅福祉は居宅での介護サービスが十分供給されなければならない。サービスはニーズに対する必要な専門的役務の提供である。介護保険で在宅サービスは整備されたが、子育て、障がい者の自立、高齢者の地域医療・介護などを考えれば、まだまだ多様なサービスを用意しなければならない。これまでの選別主義の福祉は施設福祉と現金給付に重きが置かれてきた。いま地域福祉の専門性が問われている。

③ 権利擁護制度

障がい者、高齢者、児童、貧困に対する偏見や差別はなくならない。自立生活は権利侵害にさらされることが多い。社会的に弱い人たちの自立・自己決定は権利擁護によって守られなければならない。虐待防止法、差別禁止法などもその一環である。わが国の権利擁護はもっと強化されなければならない。

④ 地域社会の再生

虐待、差別のない社会はどうしたら可能か。差別・排除のない社会は理想である。バリアのない社会を目指そう。地域を基盤にする福祉は自立や不幸にサービスを近づけるだけでない。地域を健康にすることでもある。支えあい、分かち合いを回復するためにはどうしたらよいか。住民主体、住民参加で知恵を絞り、計画を練ることが、いばらの道を開いていく鍵になると思うのである。

（2010年6月15日　記）

在宅で介護する人への支援を

「どうなる、どうする、これからの福祉」（『WITH《ウィズ》 LIFE《ライフ》』37号　２０１３／４）

１、はじめに…どこに問題が？

『恍惚の人』（有吉佐和子著）が世に出たのは１９７２年だった。ベストセラー小説になり映画化もされた。森繁久弥が恍惚の人を、高峰秀子が介護を担う長男の嫁を演じていた。認知症とはどのような病気か、その病気の老人を介護する介護者の苦労、認知症を抱える家族の在り方などが話題を呼び、その頃まだ不十分であった在宅福祉の推進に人々の関心を呼び起こした。

歳をとれば誰でも虚弱化は進み、要介護の程度・期間の差はあれ、いつかは介護を受ける身になる。高齢者の多くは家族介護を望むし、家族も可能な限り。在宅で面倒を見るべきという考えが我が国の場合強い。夫婦世帯の場合は当然配偶者ということになるが、家族介護の担い手はほとんどが同居してきた息子の嫁か娘。特に嫁の忍従と責任感に介護を背負わせてきた。また世間もそれを当たり前として地域で支える福祉サービスなど考えもしなかった。少子高齢化という人口構造の急激な変化は社会保障の未来に様々な不安を醸し出しているが、高齢者介護の問題が福祉のメインテーマに躍り出たのは『恍惚の人』が世に出た70年代であった。高度経済成長は産業構造を変え、労働者の移動を促進した。その結果核家族化は進み、地域住民の結びつきも薄めていった。経済的豊かさの影の部分が現れだすと同時に長生きした孤独な高齢者が増え、扶養意識も変化する中で、人々はやっと社会問題としての介護の未来を考え始めたのである。それでも国の福祉制度として介護保険制度が軌道に乗るのは２０００年まで待たねばならなかった。

介護の問題は他者の助けを借りなければ生活が困難な高齢者を想像しがちだが、身体や精神に障がいを持つ人たちの中にも介護を必要としている人は多い。身体障がいの場合は障がいの部位・程度によって手助けの状況は違うし、知的や精神の障がいの場合は病状を理解した上での介護環境をつくっていかなければならない。また精神障がい者の生活は偏見と差別に囲まれ、年老いた親が面倒を見ている例が多い。

知的障がい児は幼少時から成長の過程でさまざまな社会的排除に直面し、保護者である母親は一身に苦悩を背負わせられている。戦後、児童福祉法、身体障害者福祉法ができて福祉の手が伸びたが、施設、福祉的就労の支援が中心で在宅支援はまことに不十分であった。

2、介護保険制度、障がい者総合支援法が成立しても

1981年は国際障害者年であった。ノーマライゼーションの思想が国策として全国に広がった。障がいのあるなしに関わらず共に暮らせる社会を作ろうという思想である。地域を基盤にする福祉の展開が始まった。厚労省はその後社会福祉基礎構造改革を打ち出し、介護保険制度を新しい福祉政策のモデルとして発足させた。障がい者自立支援法も、様々な問題をはらみながらも、地域で自立を支援するサービスを提供するようになった。家族で介護する立場から見れば、訪問介護、ショートステイ、デイサービスなどは大いに介護者の重荷を軽減するものであった。しかし介護保険制度の発足時に議論された、家族介護者への直接的支援は何らなされなかったし、総合支援法の検討過程（制度改革推進会議）でも介護者支援の議論はほとんどなされていない。

3、調査結果から見た介護者のニーズ

【高齢者介護】

厚労省の国民生活基礎調査（平成22年）によると、「介護の悩みやストレス」を抱えている人は60・8％であり、男性が54・2％、女性が63・7％と、介護

の重荷を担いがちな女性の方の悩みが多い。では女性の悩みは何であろうか。一番は「家族の病気や介護」(74・5%)であり、他の悩みは「自分の病気や介護」「家族との人間関係」「自由時間がない」「収入・家計・借金等」と20%台で続く。

「家族の介護」だけでは悩みの内容が不明である。資料は少し古いが厚労省統計情報部の「人口動態社会経済面調査」(平成7年)によると、介護者の悩みの第一は「ストレスや精神的負担が大きい」52・7%、次いで「十分睡眠がとれない」45・7%、「家を留守にできない」41・8%、「自分の時間がとれない」40・3%、「食事や排せつ、入浴などの負担が大きい」37・3%が主な悩みである。訪問介護、デイサービス、ショートステイなどの利用で介護の重荷は軽減されるであろうが、ストレスは家意識、家族の人間関係の中でくすぶり続けるようである。

【障がい者介護(知的や自閉症候群)】

K相談室のデイサービスで母親の集団カウンセリングに関わってきた。障がい児の療育は同時に家族の療育環境を重視しなければならないとの考えからであった。

一般的に母親は障がいの告知によって大きいショックをうける。その茫然自失の段階から、「障がいの否認」「悲しみ」「適応への努力」「子どもの理解と支援」の心理的過程を経て子どもと共に未来を切り開く境地になって行くと考えられている。適応への努力を続け、子どもと共に現実的歩みを続けている母親でも心の底には深い悲しみを湛えている。わたくしの経験から青年期の子どもの世話をしている母親の嘆きを要約してみたい。

すべての母親が親亡き後の子どもの生活がどの様なことになるのか不安を持っている。そのことは福祉政策の不満につながる。障がいを持つ子に手がかかり、自由の制限と気苦労の連続は他の兄弟に対する贖罪になり、悪影響の心配となる。さらに障がい児に対する無理解、自分に対する無責任な批判は家族内で孤立する。このような家族内葛藤は最悪の場合、離婚の原因にすらなるのである。

4、むすび…介護者への支援

家庭内での介護者はいろいろなストレスを抱え

ながらも介護の責任を果たそうと懸命に努力している。しかし重荷は要介護者の障がいの容態、程度によって著しく異なっており、それに応じた支援が必要になることは言うまでもない。最近江別市で実施した調査によると、人数は各分野20名と少なく確かなことは言えないが、高齢者と障がい者では介護の困惑度（図1）、介護を他の誰かに任せてしまいたいという想念（図2）など、明らかに相違がある。

　さらに日本ケアラー連盟の調査（２０１０年）報告によれば、ほぼ10世帯に1世帯の割合で支援を必要としており、孤立感を持っている人5割、身体の不調、精神の不調を訴える人が4~5割に達しているという。また介護のための離職、介護疲れ、生き詰まり感からの虐待、さらには無理心中、殺人にまで至る悲劇も後を絶たない。要介護者の尊厳確保・権利擁護のためにもこのような事態は防がねばならない。

図1「介護を受けている人の行動に対し困ってしまうことがある」と思うか、という質問に対する反応。知的障がい分野の困惑度が高い。

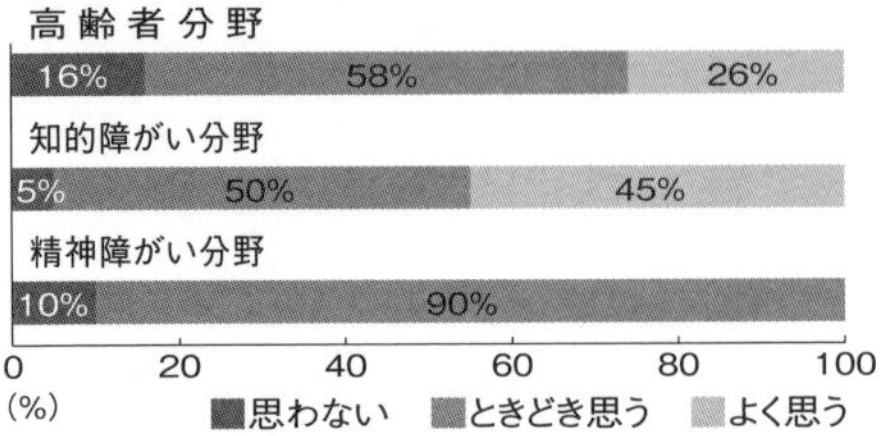

図2「介護を誰かに任せてしまいたい」と思うかという質問に対しての反応、ときどき思うを加えれば知的障がい分野が高いが、よく思う人の多いのは高齢者の分野。

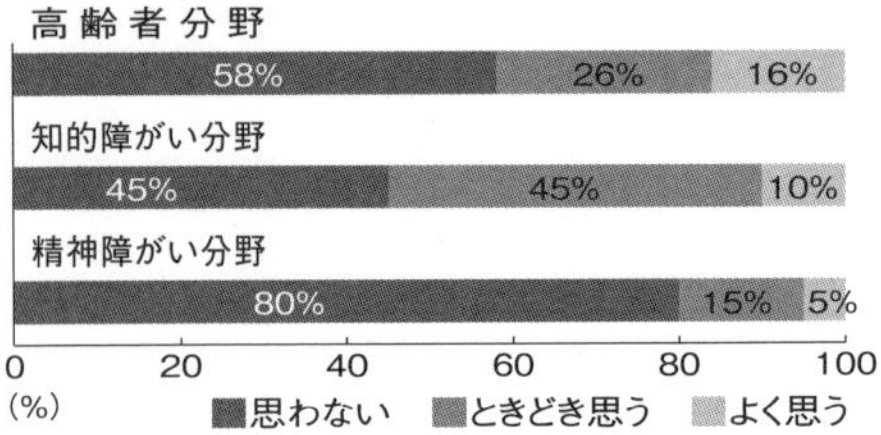

　いま介護者支援に焦点を当てた公的支援はない。介護者の相談に応じ、悩み解消の中心・拠り所になっているのは、「手をつなぐ親の会」や「認知症の人と家族の会」などの自助組織である。もとより自助組織を強化し、関係するＮＰＯを育てることは重要である。さらに自助組織など社会資源のネットワークを組み適切な手を差し伸べることのできる専門的包括支援センターが必要と思われる。そこが十分機能するためには訓練された介護者支援の専門家の養成も大切になる。相談は要介護者を含めた家族全体の診断と援助技術、支援の情報提供、介護のマネージメントなどの能力が求められるからである。

（２０１３年１月　記）

第2部

ノーマライゼーションの実現を目指して

知的障害者の地域移行・自立支援の問題

― 先進的施設の事例調査を通じて

共著　清野　茂　名寄市立大学保健福祉学部（当時）

（『発達障害研究』第31巻4号　２００９年9月）

1、問題と仮説

全国都道府県の中で入所施設の最も多いのは北海道であるが、グループホームの数も全国一である[1)]。確かに施設はグループホームによって地域で生活する機会を提供した。しかしその地域移行はバックアップという名の下で施設と一体のものであり、北欧のように施設解体まで到達すべきだと考えた施設は少なかったと思われる。保護者にとっても、いままでの社会福祉施設はやっとたどり着いた、子どもを守る「終の棲家」であった。地域で自立へと説明されても、保護され安心を与えられた施設から、また試練の待つ地域へ出る現実は、地域移行には強い抵抗感を示す傾向があったように思われる。施設の存在を重要視し、その存続を願う状況の中で、厚労省は地域移行と自立支援を理念として打ち出した。いまどのように地域移行を考えるべきか施設の態度が問われているし、自立を支える地方自治体の責務も大きくなった。本研究は以上の問題意識から、地域移行を進めるために何をしなければならないのか。また地域移行を成功させた条件は何なのかを先進的経験（施設からグループホーム・ケアホームへ）から探ろうと考えた。

2、研究の方法と対象

地域移行にこれまで努力し、特徴ある自立支援を行ってきた施設は沢山存在する。同じ地域移行への道筋でも、その特徴をとらえるといくつかのカテゴリーに分けることができる。仮説として次のようなモデルを構想し、そのモデルに該当すると思われる施設とホームの事例研究を行った。

① 地域生活支援センター支援モデル → 伊達市・太陽の園
② 施設解体モデル → 都市型（札幌市）この実寮、過疎型（美深町）のぞみ学園
③ 過疎地・自治体援護・施設バックアップモデル → 西興部村・清流の里
④ 農村地区・親の会・施設バックアップモデル → 剣淵町・北の杜舎、当麻町・ギャラリーかたるべ

調査は現地の施設とグループホーム、ケアホームを訪問し、当事者の生活実態を観察するとともに、地域生活支援専門の責任者から基本的質問項目[2)]を基にしながら、自由に生活内容を聞き、必要に応じて世話人、支援員からの聞き取りも行った。さらに関係資料の収集を行うとともに、施設長と面談し、地域移行についての歴史的経過について尋ねた。調査は平成19年11月～20年7

月の間、2度、3度と訪問した。

なお本論文は①と②のモデルを最も先進的な地域移行モデルとして取り上げ、③と④のモデルは紙数の関係上、論文記述から外さざるを得なかった[3)]。③は過疎対策（人口減対策）として自治体が施設設立。開設時からノーマライゼーション志向。自治体からグループホーム設立費用の全額助成で特徴がある。④のモデルは施設長の先進的思想による地域の農業経営者、地域住民と連携した開かれた施設経営と芸術を取り入れた日中活動などに特徴があり、まちづくりにも影響を与えていた。グループホームの生活、経営は施設のバックアップによって支えられる他の多くの施設のグループホーム経営と共通しているところが多かった。

3、研究の結果 ― 事例研究

(1) 伊達市・太陽の園 ― 地域生活支援センター支援モデル

1) 伊達市・太陽の園の地域移行

伊達市にある太陽の園は早くから地域移行への実践で知られている。太陽の園は昭和43年（1968）、定員400名で開設された。48年に伊達市立通勤センター「旭寮」が開設。地域生活への実践が始まる。53年に施設内生活実習の試行開始、59年に中重度障害者の地域生活実習も始める。そしてこの年、「生活寮」が制度化（道単独事業）、以後生活寮の増設、アパート・下宿への入居が促されていく。63年には地域自立への準備段階として自立訓練コースを開設した。

次の年にはグループホームが制度化（地域生活援助事業）され、以後次々にグループホームでの自立生活が促進される。一方平成4年には「旭寮」が北海道の「地域援助センター活動事業」、さらに平成5年に国の「生活支援事業」の指定を受け、伊達市地域で自立するすべての障害者の相談、自立支援の総合的役割を担うことになった。

太陽の園開設時からの退園者の動向を調べた4)。昭和43年（1968）から平成19年（2007）までの40年間に1214人が退園している。退園・移動理由で一番多いのは施設移動の542人（45％）で主に新しい施設ができた時に移動していった人たちである。次に多いのは地域での自立470人（39％）で、家庭復帰（含自立）は133人（11％）、死亡・その他69人（6％）となっている。自立者の推移を見ると通勤寮、生活寮、グループホーム、支援費制度など、地域生活支援の制度化が地域移行を促し、自立を促進していった様子が伺える。その反面、残された施設生活者の重度化と高齢化が目立ち、平成19年度の障害程度構成は重度が73％、中度18％、軽度9％で、20年以上の施設内生活者は55％を占める。重度障害者の地域移行を進める方策、これからの施設のあり方をめぐって施設の苦悩は深いと思われる。なお現在施設内で地域生活への訓練は行っていない。伊達市内に3箇所のサテライト施設（特区）があり、地域移行候補者はそこで社会生活の訓練を受けているとのことであった。

2）だて地域生活支援センター

事例に入る前にケアホーム居住者の支援を行っている「だて地域生活支援センター」事業の全

体[5)]を紹介しなければならない。なぜなら太陽の園から地域移行した人たちはいま太陽の園によってバックアップされているのではなく、センターが地域生活者に共通の基準で支援を行っているからである。いまセンターの利用者（平成20年）は３５０人を数える。居住形態別にこの人たちの介護支援状況をみると、グループホーム・ケアホーム52戸２３２人、アパート46戸58人、家族同居35人、民間ホーム（下宿）５人、旭寮（通勤寮）20人となる。さらに調査の時には支援の対象でなかったが、20年中に、３つのケアホームで地域移行適応訓練中の32人の利用者が新たな支援対象になるとのこと。その他センターは就労支援ネットワーク構築事業、障害者相談事業、地域移行生活実習などをおこなっている。グループホーム・ケアホーム居住者に対してどのような支援（共同生活援助・介護事業）がなされているか、佐々木典子所長は大要以下のように述べる。

「この共同生活援助・介護（２３２人）に対して支援員22人、世話人95人で支援している。まずグループホーム・ケアホームの基本的日常生活を支えている世話人について。男性は５人（重度の人の同性介助）のみで他は女性。口コミとハローワークで募集。50代、60代の主婦、子育てが終わった人が多い。雇用形態は１年契約で週30～36時間（厚生年金加入）と20～28時間（雇用保険と労災保険）の２種類があり、朝と夕に１日６～７時間の通勤勤務である。別に宿直（36ホーム中14ホーム）もある。賃金は時給８００円。

世話人の役割はホーム毎の食材の購入、３食の支度と家事。身辺介護、日常生活の相談・助言などである。研修は採用時に８時間、以後月２回の世話人・支援員会議でケアの質向上、問題解決を図っている。支援員は居住者14～15人を担当。ケアマネージメントをし、ホーム内の生活に気配りをしているばかりでなく、保護者との連絡調整、健康助言、消費生活助言、職場巡回（担当職場）、余暇活動助言などの役割を担っている。ホーム居住者の金銭管理については、財産管理・預貯金の出納は家族会が管理し、年金証書などの証書類は支援センターが預かっている。日頃の消費生活（小遣い）は支援員が本人の社会生活能力に応じて1ヶ月単位で計画をたて、家族会の経理員が出納を行っている。ホームのほとんどは借家で維持管理は大家がやってくれているが、大家によって異なる部分もある。」

3）いしずえの生活 ― 重度者入居、宿直制24時間ケアホーム

多くの地域生活の中からケアホーム「いしずえ」を選んだのは、重度者の生活介後、24時間介護を行っていること。重度者のホーム経営と居宅介護はこれからどの施設でも地域移行の大きい課題になっていくと思うからである。

利用者は女性6人。年齢は47～67才。障害区分は3→1名、4→2名、5→2名、6→1名で1人を除き重度である。区分4以上は支援法で夜間支援体制が必要となる。利用者は全員太陽の園からの地域移行。太陽の園で20年以上生活、4人は10年前、2人は2年前に入居。自立生活の過程で重度化していったとのこと。一人はかなり重い認知症で全介助、他3人も排尿便介助必要、入浴は毎日で全員介助との事である。デイサービスバス停までの送迎、通院介助も世話人の役割となっている。日中働いていた世話人のDさんは普通の主婦で15年勤務とのこと。苦労話もなく

淡々と介助の状態を披露してくれたが、認知症の人に多く手がとられ、また重度の人に対する気配りは相当重労働の印象を受けた。

世話人の1日の流れ、週間掃除・片づけ業務を見てみよう。時系列に列挙してみたら介助状況の大変さがみえる。朝は起床の声かけ、整容、食事、服薬（塗り薬、点眼なども）、トイレ声かけと見守り、仕事着着替え、様子・持ち物確認、バス停まで引率、引継ぎ・朝の打ち合わせで終了（9時頃）となる。13：00〜16：30までの間は引継ぎ、買い物、洗濯、掃除、洗濯物整理、草取り、食事準備など。16：55、バス停までの出迎え、帰宅後のうがいと手洗い、夕食、服薬、歯磨き、入浴、塗り薬、点眼、台所の片付け、就寝、帳簿と引継ぎ簿の整理、薬の確認、洗濯物整理、繕い物で23：00終了となる。掃除・片付けもそれぞれの入居者の部屋、浴室、洗面所、トイレ、など週間予定が立てられている。

このホームは24時間介護で、世話人は4人（20〜40代）で交代勤務。勤務中は一人で何でもこなさなければならない。前述のように2種類の雇用契約で休日休暇はない。世話人の資格等はとくに求めていないとのこと。ホームは2階建て、借家。普通の民家で、風呂・トイレは共同。一人6畳間程度の個室、10畳間ほどのリビングキッチンがあり、家賃は8万円／月で、入居者1人あたりの生活費は6万円（食費2・5万、家賃1万、その他2・5万）である。全員が障害基礎年金1級（約8万1千円余）受給。それに加えて太陽の園への通所授産（4名）、ふみだす（就労移行支援2名）で平均2千円程度の労賃が得られているとの事である。利用者に生活、就労、介護などについて要望を尋ねても主体的主張は少なく、コミュニケーションを取るのがなかなか難しいとの事。楽しみはテレビ、カラオケ、温泉。好みの食べ物はカレーライス、ラーメン、すし、コーヒーなど。世話人は入居者の気持ちを受け入れて、意図的働きかけをしているとのことである。

なお施設からこのホームへの移行については施設が勧めた（軽度の人は本人の意向が強い）。保護者と相談し、太陽の園のある伊達市、親の近くのこのホームを選んだ。10年前は親の反対が多かったが今はこのホームの生活を見て安心しているとのことである。

また、将来の見通しについては寝たきりにならない限り、現状を維持。身体介護、認知症に対しては介護保険の適用など考えなければと、高齢化に対して思案中のようであった。

（2） 札幌市・この実寮 ― 都市型・施設解体モデル

1） この実寮・施設解体のあゆみとそれを可能にしたもの

この実寮は昭和48年（1973）、定員30名の小さな入所更生施設として発足した。それには理由があった。施設設立運動をした母親たちは小さい家庭的な雰囲気を施設に求めた。加藤寮長は当初より「家庭寮」という小単位生活や施設内自立生活も試みていた。まさしく施設内のノーマライゼーションの実践である。その後の施設の変化：地域移行の歩みを加藤寮長の話と記録[6)]から辿ってみる。

「人の暮らしの追及」―昭和48年～58年―　施設入所者の地域へ分散居住し始めたのは昭和56年、20人定員増の時からだという。この20名を施設内小住宅で、施設内下宿として自立への模索をし、入所者の地域生活移行の希望に応えるべく、昭和57年に生活寮（借家）を発足させ、徐々に住む場所を施設内下宿から「まちの中」へ求めていった。昭和56年（1981）は国際障害者年の年である。

「生活寮・グループホームの制度化と地域移行」―昭和59年～平成8年―　ノーマライゼーションの思想は開かれた施設、自立生活の気運を広げていった。昭和59年には生活寮が北海道単独事業として制度化され施設から地域への動きが加速された。平成元年にはグループホームに助成制度が導入され、さらに地域移行が促されるようになった。北海道の各地でノーマライゼーション戦略の一環としてグループホームが作られていった。

「地域分散居住の展開」―平成9年～14年―　そして次には就労者の地域生活安定化対策と重度者（たとえば行動障害を伴う）のケアホームに目を向けていく。平成9年（1997）「札幌この実会・センター24（通勤寮と高齢者デーサービスセンター合同庁舎）」を開設し、その近隣に就労者のグループホーム（賃貸マンションなど11箇所）を開設して、センター24が中心となって支援を始めた。そして空き家になったところを、障害重度の人の生活の場（ケアホーム、自主寮、生活寮など10箇所）とし、就労支援型の地域生活から、障害区分の重い人に対する生活支援型の地域生活に重点を移し、障害の重い軽いに関係なく、地域生活を進め、施設居住者を減らしていった。

「自立支援、施設解体へ」―平成15年～19年―　平成18年（２００６）には地域の拠点「サテライト２・６」を開設し、自立のためのトレーニング、地域居住者の相談・支援、行動障害児の短期訓練、ショートステイなど多面的活動の場とした。その他日中活動の場として通所授産、デイサービスは早くから行われ、高齢者のためのケアホームも作られていく。そして遂に平成20年（２００８）３月、入所施設は地域生活支援機能を中心にして、現行制度の入所更生施設は廃止することにした。加藤孝寮長は「ニーズに応じて当たり前の生活を」をモットーに地域移行を進められてきたと述べる。

平成20年４月から「この実支援センター」が発足した。更生施設は廃止され、施設は地域生活支援センターとして衣替えしたのである。

平成18年（２００６）のこの実マップを見ると、地域生活はいくつかのグループに分かれ支援を受けている。列挙すると次のようになる（自主寮、ケアホームを含む）。
①センター24（地域生活支援センター）→就労者11箇所のグループホーム
②はた・らーく（通所授産施設）→４箇所のグループホームと地域交流センター
③北の沢デーセンター（通所更生施設）→３箇所のグループホーム
④第２この実寮（高齢者対策・更生施設）→親子住宅、お達者クラブ、健やかクラブ
⑤サテライト２・６（自立訓練、相談。支援拠点）→６箇所のケアホーム、自主寮など

その他相談室、作業所、通所更生などがある。

手稲この実寮は平成20年4月から「この実支援センター」として衣替え。ケアホーム10箇所50名の暮らしの見守りを中心に、入所施設の空いたスペースを利用して「小規模多機能型居宅介護（デイサービス、短期保護、ヘルパー派遣、グループホーム）」、老人下宿、就労継続B型、就労移行などの生産活動、その他日中活動、宿泊訓練などの事業を開始している。どんな条件、努力がこのような事業運営を可能にしたのか。加藤孝寮長はじめ施設を支えてきた職員の方々と、何が施設解体を可能にしたのか懇談した。調査の感想を含めまとめてみたい。

① 強いリーダーシップとそれに応えた職員集団

施設のノーマライゼーション、そして地域移行に対する強いリーダーシップを加藤寮長が発揮し、それに応えた職員が、同志集団として目標達成に努力した。辞めていった職員も多いと聞く。平成15年度の収入を１００として19年度は88％（激変緩和加算あり）、21年度予算では75％に減じたという。職員給与もカットせざるをえなかった。低賃金に耐えた職員。まず「利用者の心に応える」ことが大事の精神があった。

② 小さい施設での価値共有（大きいことはよいことでない）

はじめから家庭寮など小さい生活単位を志向した。利用者と職員、保護者と職員、管理者と職員との間によいコミュニケーションと価値の共有が可能であり、自立支援哲学から実践へ操舵を可能にした。保護者会とは毎月会合、実践の過程で信頼を得た。理事会も地域移行について議論を重ねた。

③ 地の利、借家にも恵まれた

ケアホーム向けの住宅を探すのは困難だったが、札幌市西区、西野、平和には比較的転勤族の空いた賃貸住宅が多かった。それが幸いしセンター24を中心とする就労移行グループ(就労支援)を作ることができ、空いた住居を重度者のケアホーム（生活支援）にするなど、計画を進めることを可能にした。

④ 1981年は国際障害者年、国連障害者の10年の思想に支えられた

この実寮の実践は国、札幌市の福祉施策のさきがけとして高く評価され、事業が進めやすくなったことと同時に、公・私から信頼・支持されるようになった。

⑤ 施設開設当初から、地域住民との関係作りを心がけており、よい関係を積み重ねていたためか、地域移行のトラブルがなかった。

ことなどが考えられる。

2) サテライト2・6の実践と生活

サテライト2・6は6人入居のケアホームであるが、その他のケアホーム3箇所13人、生活寮1箇所、自主寮3箇所（制度に適合しない地域の住宅、ケアホーム入居までの生活訓練の場）をバックアップする地域の支援センター的役割をもっている。

入居者6人は行動障害を伴う重度の人たちで、ケアホームへ入居できるまでの自立生活訓練の

場としているが期間は定めていない。行動障害を持つ重度の人たちなので職員2人を配置。職員1人は住み込みで宿直制をとっており、夜は1人勤務となる。世話人は4人、うち1人は住み込み。世話人は他のケアホーム、自主寮も兼務しているおり、通勤は主として夕方3時間の勤務であるが、勤務時間は世話人の希望によって異なっている。サテライト2・6が支援するケアホーム、自主寮、生活寮に11人の職員と世話人が配置されており、重度のところには支援職員が軽度のところには世話人が行っているものの、互いに助け合って入居者の地域自立を支援しているとの事である。ある職員は「勤務時間はあってない様なものです」と淡々と話す。

世話人は新聞の折込広告などで募集し、経験の有無は問われないが採用時に2日間の研修を行っている。時給700円。休日休暇等の取り決めはない。雇用保険には入っているとはいうものの臨時雇用のため世話人探しには苦労しているようであった。

このサテライト2・6は地域の拠点として法人によって建てられた（助成有）。総工費7500万円の2階建ての立派な建物である。その他のケアホーム等はほとんど借家（マンション・アパート・一軒家）である。居室の広さは6畳位、生活費は6万円（食費2・5万円）との事。伊達とほぼ同じである。ケアホーム等の管理、会計事務、金銭出納はこの実寮本部で一括管理しているが、入居者の年金証書等の管理は親の会運営委員会の会計責任者（親）がしている。預貯金の出納は本部事務が行っているとの事であるが、本人が一回に引き出す金額は生活支援担当職員を通じて3千円未満にしているとのこと。土曜・日曜には親の元に帰る人は多いし、親も尋ねてくるので、ケアホームの生活に安心感と信頼を得ているのではないかと、職員は感じている。
入居者の一日の流れは伊達の地域生活と共通する部分が多く、省略する。

（3）美深のぞみ学園 ― 施設解体ビジョン、入所者ゼロ宣言[7)][8)]

美深のぞみ学園は平成2年（1990）4月開設の知的障害者授産施設である。当初は地域移行に積極的な施設ではなかった。平成9年（1997）には知的障害者更生施設第二美深のぞみ学園を開設している。しかし今から5年前、平成16年（2004）4月社会福祉法人美深福祉会は、「第一次美深福祉会総合計画」を策定し、美深のぞみ学園の解体、第二美深のぞみ学園の縮小と地域支援ネットワークシステムの実現を目指した。

石田力施設長・地域生活サービス管理責任者（当時支援課長）と職員集団は入所施設について、利用者の個別処遇計画、自己決定支援、プライバシー支援、人権擁護、発達支援を進める上で弱点を有しているとの共通理解に立ち、利用者の意向も地域移行を願っていることを受け止め、施設解体計画に着手したという。5年後の平成20年9月に、入所授産施設・美深のぞみ学園は解体を実現し、それに至る過程で種々の形態のグループホーム・ケアホーム9棟を開設した。

平成15年　旧NTT社員寮を払い受け、「のぞみ寮」を開設。4名が地域移行。
平成16年　美深町長の公宅を譲渡され、「つつじ寮」を開設。4名が地域移行。
平成17年　地域移行に関するアンケート「スタートラインは地域から」を作成。

平成18年　通所授産施設を開設、女性利用者4名地域移行。
平成19年　一体型共同生活介護・共同住宅援助事業所「しらかば寮」を開設。しらかば寮（一般中古住宅を購入500万円）男性5名入居。かえで寮（公営住宅2棟を1棟に改修、住居改修費700万円美深町負担）女性利用者4名入居。さくら寮（公営住宅2棟を1棟に改修、住居改修費800万円町負担）女性利用者4名入居。合計13名が地域移行。
平成20年　一体型共同生活介護・生活援助事業「共生の里」開設。あすなろ寮（住居建設費4600万円・二分の一を美深町が残り二分の一を法人が負担）男性利用者9名入居。もみじ寮（住居建設費4600万円・二分の一を美深町が残り二分の一を法人が負担）女性利用者9名入居。美深のぞみ学園ホーム（旧美深のぞみ学園内に開設・北海道特例）地域移行型ホームきららハウス　男性4名入居。合わせて24名が地域移行。
平成21年　4月―共生型ホームの開設・共生ホーム（障害者6名、高齢者2名）長生ホーム（美深町高齢者向け住宅を改築、利用者5名）。

旧のぞみ学園の園舎は現在、就労継続支援B型事業のぞみ、地域生活援助センターのぞみとなり、地域で暮らす利用者の就労の場の一部と地域生活の支援の場となっている。この「のぞみ」と各ホームの距離は、全て1㎞以内である。また、夜間支援員をあすなろ寮ともみじ寮に男女各1名配置している。

ホーム利用者の入居料はもっとも高いところで、家賃が2万円、備品使用料2000円、共益費1000円、年金管理費2625円、食費2万円～2万5千円、水光熱費実費徴収で1万円程度となり、合計5万5千円～6万円強となる。もっとも安いホームは家賃8625円、他は同額で合計4万4千円程度になる。居室の広さもホームにより若干異なり、6畳～8畳となっている。

各グループホームには世話人の他生活支援員が配置され、支援に当たっている。世話人は全ホーム女性で、20代2名、30代5名、40代、50代、60代、各1名の10名で、臨時職員6名、正職員4名となっており、正職員の4名は生活支援員との兼務である。これは、入所施設からグループホーム、ケアホームと通所施設への転換を図る過程で生まれた形である。世話人全員が通勤であるが、前記のように一部の施設には夜間支援員を配置している。賃金は臨時職員が約12万円～14万円前後、正規職員が20万円～25万円程度（生活支援員との兼務）となっている。勤務時間については、専任の世話人、即ち臨時職員で午前6時から午前9時、午後4時から7時までの合計6時間で、土日、国民の祝日が休日となっており、その他2日から4日の有給休暇が与えられる。世話人の研修は、毎年2名ずつ2日間の研修に派遣しているという。

利用者は男性36名、女性17名で、年齢は20代6名、30代30名、40代9名、50代6名、60代、70代、各1名の構成となっている。また、障害程度は、区分1から区分5まで順に、12名、19名、17名、4名、1名となっている。ホーム入居以前の生活の場は、全員が入所施設で、美深のぞみ学園から39名、第二美深のぞみ学園から14名である。その施設在籍期間は施設開設時に入所の18年間在籍した人々が16名でもっとも多いが、彼らを含め10年以上が37名であった。

利用者の就労形態は、一般就労2名、実習形態での3名を除いて就労継続支援B型での福祉的就労である。また、各種年金の受給状況は、障害基礎年金1級4名、2級49名である。年金以外の収入は、福祉的就労の場合、工賃平均で5000円（3000円~10000円）である。世話人とバックアップ施設との協議の場は、毎週、各ホームの世話人、看護師、栄養士、サービス管理責任者が出席して世話人会議として持たれている。ケアに対する世話人・支援員の業務分担、ケアの状況などはこの実寮の実践と共通項が多く、省略する。

なお美深のぞみ学園は2008年9月をもって廃止となったが、その利用者全員が地域移行したわけではない。平成17年度に実施した地域移行に関するアンケート調査では約8割の利用者が地域移行を希望、また、その時点では希望しなかった高齢の方も具体的にホームでの生活を理解すると自ら希望するようになったという。しかし、保護者の理解が得られず同法人の更生施設に7名、他施設に2名が移動している。

過疎地域にあってわずか5年間で地域移行を実現した美深のぞみ学園の取り組みは、道内の多くの過疎地域にある施設に、一つのモデルを提示しているように思われる。しかしのぞみ学園は新体系への移行により、半期で1500万円の減収になったという。グループ・ケアホーム移行者の報酬単価の引き上げをすすめない限り、地域移行に躊躇する法人は多く、地域移行は停滞したままになるのではないか。そんな危惧を感ずると石田氏は述べている。

4、事例からみたケアホーム・グループホームの生活と問題

（1）家賃補助があれば　ホームの生活の枠組みは似ているものの地域移行と支援の仕組みは、施設の歴史、地域の文化などにより、かなり特徴がある。地域移行の第一歩は住居の獲得である。伊達と札幌のホームはほとんどが借家である。ホーム居住者の収入は基礎年金が頼りで、多くは2級年金月額約6万6千円とわずかの賃金でやりくりしなければならない。ホームが民間の借り上げか市町村によって設置されたかで、家賃負担額が1万円以上違ってくる場合もある。生活費の中でとりわけ家賃の部分の費用は大きく、余暇活動に使える金が極端に少なくなっているという。それぞれの地域の条件にそって、公営住宅の利用・建設、あるいは家賃の補助などの施策が求められる。

（2）世話人の献身的努力に依存　ホームの生活を支える世話人・支援員の賃金は低い。ホームの経営はサービスに対する報酬単価で賄われる。報酬単価はサービス提供者配置人数とその賃金を規定する。複雑なニーズに応え、生活の質を維持すべく神経をすり減らして世話人・支援員は努力している。いまのホームの存在は、低賃金にもめげず、望ましい障害者の自立生活を目指して働いている世話人・支援員の犠牲のうえで成り立っているのではないか。そんな怒りにも似た

思いに駆られた。

(3)もっと研修の機会を　主婦層の世話人の場合、稼動シフト下の世話人に対する研修機会の設定は難しく不十分である。しかし世話人を支えるために専門性を有した支援職員を中心としたチームワーク機能の発揮がホームの生活を支えていた。

(4)バックアップがあってこそ　利用者に24時間の安全で安心できる生活を保障し、支援を継続的に提供するためには、グループホーム・ケアホーム単独ではなく、何らかの形のバックアップ体制が必要である。だて地域生活支援センター、この実寮のセンター24、サテライト2・6のようなセンターの存在が安全、安心を確実にする。

(5)資金と支援がなければ　どのモデルも具体的な資金確保や支援が得られてはじめてホームは実現している。都市部の場合、理解のある家主が得られることによって、その拡大は可能であった。一方、町村部の場合は、公的な支援、法人、親の会の努力による住居の確保が必要になる。

(6)社会参加に悩み　全体的に住居外の生活は日中活動の場（就労・デイサービス）を除いて余暇活動・社会参加は十分とは言えず、とくにホーム関係者以外との社会関係は乏しい。重度の障害者の自己決定を尊重し、真に本人の望む支援を考える世話人や支援員の悩みは大きい。

5、むすび・・地域移行を進めるための課題

（1）**地域移行阻害要因**　調査結果は、地域移行を進めるためには施設の経営、施設の態度（福祉思想）、自治体の自立生活に対する理解などが大きい影響を与えることを示した。だて地域生活支援センターの所長であった小林繁市氏（現太陽の園総長）によれば地域移行を妨げている要因として[9]①施設長・関係職員が自立の理念を理解しているか。②施設におけるリハビリテーションプログラムが、自立に向けて組み立てられていないのではないか。③地域の中に支援システムが整っていない。④施設入所者と地域生活者の経済格差。⑤事故や失敗に対する過剰な恐れ。⑥入所者が重度化、高齢化している。⑦自立を進めるほど運営は厳しくなると、指摘している。

20年位前までは入所利用施設を、政策的にも、利用を希望する保護者も終の棲家と考えてきた。多くの施設において自立へのリハビリテーションはいま始まったばかりである。仮説的理解であるが、入所施設関係者の多くはまだ地域移行の理念に十分納得していないように思われる[10]。施設入所を希望する人が多いということと、地域の支援システムが整っていないことをその理由にあげる。確かにそのとおりで、国は地域移行が進んだ場合の施設の未来に対して展望を示していない。さらに施設の懸念はこれまでのグループホーム拡大の過程で、地域移行を進めれば施設利用者の重度化が進んだことである。重度の人の自立支援は専門的配慮が欠かせないし、人手がいる。地域に居住する重度で特別支援を必要とする人への支援、24時間介護などに適切な政策的配慮をしてこなかったことは結果的に施設に重度の人を滞留させ職員の労働負荷を重くしたと思われる。施設や保護者が地域移行に不安を持つのは無理からぬことであろう。さらに地域移行を進めることによる施設定員縮小は職員の雇用問題を抱えることになる。

（2）自治体の役割　地域移行者のケアホームつくりや支援システムつくりはほとんど施設の努力によって行われていた。自治体は支援費制度、自立支援法に戸惑っている。もっとも地域移行の受け皿つくりは自治体の役割でもあるが、西興部村、美深町は特別で、自治体の財政難の状況下で一般的には及び腰なのではないかと思われる[11]。国からの指示待ちの意識はまだ強く、財政的負担を恐れる姿勢ははっきりしている。国や道は長野県西駒郷の地域移行をモデルとして地域の受け皿づくりを進めつつある。長野県は県主導で、ケアホーム・グループホームの設置促進を図り、設置と運営費の補助を行ったばかりでなく、県内10圏域に相談支援センター（3障害対応）を設置し、県職員を配置した。そこを中心に地域自立を支える支援システム作りを実現し、各自治体の支援協議会つくりも促進している[12]。

入所施設からの地域移行は入所施設が地域で自立生活を目的とするリハビリテーションをする施設との認識が必要であろう。その前提に立てば自立を念頭に置いたリハビリテーションプログラムが用意されなければならないし、退所の計画も必要になる。その上で自立訓練、地域移行準備、保護者への説明、住居の斡旋、支援システム形成などがなされなければならないし、自治体は地域生活支援事業の充実と支援協議会の設置を急がねばならない。長野県に学ぶとすればこのような広域的な視点での支援システム作りなのではないか。現状を見ると個々の施設の努力、ケアホーム関係職員の志と献身的努力に依存しすぎているように見える。報酬単価の合理的改善、地域住民の理解、ノーマライゼーションや自立理論の建前の影で、社会保障費の削減を図るだけ（そう受け取られている）の国の姿勢の変更がなければ、地域移行は貧しい自立生活の押し付けになるのではないかとの危惧を持たざるを得ない。施設や自治体の憂慮もそこにあるのではないだろうか。

注および文献

1) 北海道資料（平成21年３月）によると平成20年４月現在グループホーム４８３、ケアホームは３２１ヶ所、定員４６７２人。知的障害者入所施設数（平成20年10月）１５０、定員７４９９人。
2) 聞き取りの項目は平成６年度厚生科学研究事業「グループホーム事業のあり方に関する研究」（主任研究員小林繁市）、グループホーム事業のあり方に関するアンケートを参考にした。
3) 清野茂、忍博次「知的障害者の地域移行の現状と課題」地域と住民27号　名寄市立大学２００９／３　所収p.73—74、p.77—80
4) 太陽の園の協力で、開設以来の退所者の動向を集計した。
5) 「まちに暮らす」平成20年度地域生活支援現況報告書　伊達市地域生活支援センター
6) この実寮で発行した資料を参考にした（寮長の福祉哲学、地域移行実践の推移等）
7) 第１次美深福祉会福祉総合計画　平成16年度～平成25年度『入所施設解体と地域生活移行に関するビジョン』～全ての知的障害者を地域で支援するために～　社会福祉法人　美深福祉会
8) 美深のぞみ学園地域移行計画　スタートラインは地域から　社会福祉法人美深福祉会　２００８年
9) 小林繁市「地域生活支援とリハビリテーション」『リハビリテーション研究』№１０３　p.５～６　２０００年
10) 「施設から地域生活への移行プロセスと支援のあり方に関する研究」北海道社会福祉協議会　平成21年３月　p.14　施設は地域の受けいれ条件を心配している
11) 同上　p.46、p.51　地域移行支援に対して自治体は積極的とはいえない。
12) 福岡寿・山田優「地域生活のススメ—西駒郷の地域生活移行にかかわって—」S—プランニング　ブックレット９　平成19年

注記：本研究は第38回（平成19年度）三菱財団社会福祉事業の研究助成を受け実施した研究（北海道社会福祉協議会「施設から地域生活への移行プロセスと支援の在り方に関する研究」）の一部である。

共生社会への壁

― 障がい者に対する偏見・差別の構造

（山口洋史先生退官記念『これからの福祉と教育の行方を探る』２０１３年７月）

Ⅰ、はじめに

われわれは社会福祉の対象に対して様々な社会的態度を示す。それは個々人が、地域の文化、そして所属した集団に適応する過程で学習し、人格内にインプットされてきたものであり、福祉の対象に対する行動枠組みとして働く。

かつて著者が関わった一つの事件から問題に近づいてみよう。それは社会福祉施設の新設に対する地域町内会の反対運動[1)]である。１９８４年、北海道は特殊教育センター、児童相談所、知的障害者更生相談所、身体障害者更生相談所を一か所に機能統合する「障がい者総合相談センター」の新設を計画した。そこには制度の縦割り、専門的機能のたこつぼ化を防ぎ、専門機能の総合化と相談当事者のたらいまわしを無くしようとする意図があった。障がい者はもちろん福祉関係者にとって期待された行政判断であったが、地元町内会への説明会で反対意見は噴出した。代表的意見の一つと思われるものを示そう。総合センターの趣旨を説明し始めると、「学者の意見など聞きたくない。児相は感化院みたいなものでないのか。非行児にうろうろされては家族が不安だな。１００％事故が起きないと保証できるか。こんな環境の良いところに作らないで他の場所に作ってもらいたい。障がい者も来るとしたら、隣の動物園に来る人や、みんなに見られて可哀そうではないかな」。

町内会長名によって配布された反対理由４項目はそんな意見を見事に反映している。要約すると①生活の不安（不法侵入、性的危険など）、②環境の悪化（ここは住宅専用・風致地区）、③土地建物評価の低下、④交通事故の心配、とある。

反対者は障がい者やその支援をする施設に対して根拠のない仮設的確証を保持し、それを補強する都合の良い情報を取り入れて、否定的ステレオタイプを強化する。すなわち児相とその一時保護施設を非行少年の相談施設としてカテゴライズし、生活の不安を醸し出す迷惑施設として否定的価値づけをしている。また障がい者を迷惑視し、自分たちの環境を悪化させる人たちとして差別的行動を示している。このような生活不安や迷惑感を明示した障がい者の自立生活への無理解や地域内の施設建設反対は各地で起こっている。東京では同様な理由で高齢者施設も反対[2)]された。誰もが生きている限り高齢化は免れないし、住民の未来がその福祉的現実に関わっているという認知と理性は表に出てこない。障がい者や高齢者が環境を悪化させるとはどのような価値づけによる評価か理解に苦しむが、このような行動の枠組みに現実的利害関係が絡み、さも本当のように確信的に声高に反対表明する人がリードすると否定的ステレオタイプは強化され、無理解に基づく排除の感情は活性化されると考えられる。

もちろんこのような強固な反対者ばかりではない。説明会が終わってから、囁くように、必要な施設なのだから建設に理解を示すべきだとの声を聴かせてくれる人も居た。このような問題に対して、そんなに強い関心を持っていなかった多くの人々は福祉の動向に理性を働かせながらも、断定的な反対の空気に押されて、曖昧な認知的確証と情緒的不安を払底できず、反対は社会福祉の正義にもとるのではないかとの懸念を持ちながら、できたら迷惑なものは来てもらいたくないという感情の流れと確信的反対意見に押されて、傍観者として反対に組み入れられていったように思われる。説明会、相談所の見学会などを通じて反対運動の火は衰え、総合相談センターは建設可能になった。反対運動の人たちが声高に追求した問題は何も起こっていない。

障がい者および施設の地域受け入れに対する否定的態度に関する一事例について述べたが、就学、就労、社会自立に関する不平等、差別、虐待など、個別事例ではもっと問題は深刻である。その背景には明らかにマイノリティーに対する我々の文化が示す排除の論理が見える。困ったことにこのような障害者に対する態度は我々の生活に溶け込み、常識化しているからそんなにひどいことをしているとの内省はなく、反対者本人に自分の心は見えなくなっているのではないかと思われる。それが施設保護中心の社会福祉を拡大してきた我が国の福祉事情でもあったが、施設であれ、地域生活であれ、どんな状況であっても、このような態度は差別や基本的人権侵害の元凶となる。特に１９８１年の国際障害者年はノーマライゼーション思想を福祉の理念とし、福祉施策の視点を地域・環境に向けるようになった。「障がい」の意味も環境との関係でとらえ、障がい者の社会活動や社会参加に制限を加え、不利益を生じさせる社会の改革こそ福祉の目指す道として認識されるようになったのである。人間としての尊厳を確立し、当事者の主体性に基づいた地域福祉を発展させるためにはわれわれの「見えざる心」を客観視し「こころのバリア」を意識化することが求められているのである。

Ⅱ、偏見と差別の意味

社会的態度は、生活の中で直面する社会的対象に対して、我々が持つ行動への心理的枠組みである。それは経験を通じて人格内にインプットされ、社会的刺激に対するその人の認知と価値志向である。先の例で見た如く障がい者の社会的受け入れに対して世間の態度は好意的とは言えない。社会生活の中で、普通に語られる偏見を含む意見にわれわれはどんな反応を示すのであろうか、改めて考えてみたい。

1、**次の意見に肯定か、否定か？**

1、「黒人は白人より能力が劣る。だから社会的格差があるのは仕方がない。」

かって元首相がこのような発言をして物議をかもした。人種差別を肯定する言い訳として社会的ダーウィニズムの思想がある。それはダーウィンの生存競争、適者生存の思想を人間社会にあてはめ、植民地支配や優生思想を正当化する。果たしてそうか。黒人は奴隷として差別され、社会参加の機会は制限され、機会均等は不十分であった。そんな環境を無視した思い込みは不平等と不利益をもたらしている。しかしこのような考えを信ずる人は決して少なくない。

2、「貧困に陥るのは、その人の努力が足りないからで、その人の個人的責任である。」

貧困は個人の責任か、社会の責任か。エリザベス救貧法時代、貧困は個人の人格的欠陥か怠惰に帰せられた。その後の社会科学的知見は社会の在り方に貧困原因を見つめ、国家の責任として社会政策、社会保障の充実が図られるようになった。しかし個人の責任を肯定する意見はまだまだ根強く、生活保護の運用に影響を与えている。

3、「障がい者は地域の自立生活より、施設で面倒を見てもらう方が良い。」

ノーマライゼーションの思想、自立生活の思想は地域社会を基盤にした社会福祉政策を求めてきた。厚労省は地域社会を基盤にした福祉を進めるべく自治体に地域福祉計画作成を義務付けている。しかし自立生活への支援は不十分であるし、施設から地域移行は施設の努力に任せられている。まだ施設で保護されるのが安全・安心を保障してくれる福祉政策として肯定する意見は強く、自立生活の自由な生活、自己決定、自律と自尊などについての一般の理解はまだまだ乏しいのが実情である。

2、偏見と差別

日頃耳にする態度を表す意見の中から三つの意見を取り上げた。これらの意見のいずれも対象者に対する認知は根拠に乏しく、誤解に満ちている。なぜか世間の常識として流布され人々の感情に受け入れられてきた。新しい知見や思想が旧来の誤りを指摘しても、人々の間で確立した心理的枠組みはなかなか変わらない。

われわれはある人たちをカテゴライズし、その属性をステレオタイプ化して認識し、対処する傾向が強い。人種、宗教集団、身体的・精神的属性に対して否定的なステレオタイプが示される事例のあることは周知のことである。

G・W・オルポートはこの感情的で否定的なステレオタイプを偏見といった。

「偏見とは実際の経験より以前に、あるいは実際の経験に基づかないで、ある人とか事物に対して持つ好きとか嫌いとかという感情である」[3]と。さらにある人の属性に対する感情は、わずかな経験、あるいは直接の経験がなくとも、その人の属する集団への過度の一般化まで及ぶのである。彼はそこで付け加える。

「偏見とはある集団に所属しているある人が、単にその集団に所属しているからとかそれ故にまた、その集団の持っている嫌な特質を持っているとかの理由だけで、その人に対して向けられる嫌悪の感情ないしは悪意ある態度である」。

さてこのような否定的感情をわれわれは心の中にしまっておくことができるであろうか。残念ながら現実は嫌悪の感情を持っていれば非好意的な行為に繋がって行きがちである。オルポートは否定的態度のエネルギーによって行為の様相は異なるが、次のような行為の連鎖を示している。

誹謗 → 回避 → 差別 → 身体的攻撃 → 絶滅[4]

誹謗・中傷・回避は好意を持っていない人に対してよく見られる否定的行為である。悪口、仲間外しは子どものいじめ行動や都合の悪い人を排除する村八分に見られる。差別はもっと積極的行為で、「普通の市民としての権利が与えられない事実や機会均等が奪われ、さらには虐待されるなど不利益を担わされている状況」を指す。身体的攻撃は差別と権利侵害の際たるものである。絶滅はナチス・ヒトラーの行為そのものを想像するだけで十分であろう。オルポートは人種的偏見の研究を基に理論を展開しているが、他のマイノリティーの偏見・差別の理解にも十分な示唆を提供してくれている。オルポートは偏見について、行動を方向づける心の枠組みに止め、行為への準備と考えていたが、差別行為も含める定義もある。R・ブラウンは偏見を「ある集団の成員であるとの理由で、その集団の成員に対して、軽蔑的な社会的態度や認知的信念の保持、否定的感情の表明、敵意や差別的行動の誇示などをすること」5) と定義している。

Ⅲ、差別の実相・その動機・心のバリア

われわれが生活するこの社会は標準的な心身を持つ人にとっては何ら不自由はない。標準的な大多数の人に合わせて社会がつくられているのだからそれは当たり前のことである。われわれはそれに適応して生きねばならない。その適応の過程で文化―生活様式―を身につけ、その精神を学習する。その文化は残念ながら大多数以外の人に対して無関心であり、配慮に欠けていた。標準の枠から外れ、適応困難な人は排除、隔離が不思議でなかったのである。その常識が心のバリ

アであり、障がいを持つ人たちに最も不利益を強いてきたと思うのである。この不利益を強いる社会を変える思想は不利益を受ける当事者から変革を求められて気づいた。障がい者を取り巻く環境を変え、誰でも自由と平等が保障され、自立できる社会に変えよう。これがノーマライゼーションである。こう考えてくると、目に見える形で報じられた差別の現実を直視し、そこから偏見を捉えることも大切だと思うのである。いくつかの事件[6]から差別と偏見の所在を捉えてみよう。

1、**精神障がい者の例**　最も記憶に残るのは入院患者を暴行虐待して死に至らしめた「宇都宮病院事件」である。1993年、不自然な多数の患者の死の噂と2名の患者の暴行・リンチの疑いでこの病院に警察の手が入った。警察の調査の結果、看護職員のリンチにより2名の患者が死に至ったことをはじめとして、看護師の無資格診療、違法解剖（死亡後の脳の摘出）、違法作業療法、定員以上の入院患者数などの違法が次々と明らかになり、院長と3人の看護師が逮捕され、懲役1年から4年の実刑判決を受けた。マスコミで大きく取り上げられたことで世論の注目を惹いた。国会で取り上げられ、さらには日本の精神医療現場の人権侵害として、国連人権委員会でも問題視され、精神保健法成立の契機になった。病人を理解し、治療する場で何故暴行が行われるようになったのか。看護職員だけでなく病院全体の意識が問われなければならないであろう。かつて呉秀三は全国1府14県にわたって調査した「精神病者私宅監置の実況」（1918）の中でその悲惨な状況を「我が国10何万の精神病者はこの病を受けたる不幸のほかに、この国に生まれたるの不幸をかさぬるものというべし」と嘆いた。私宅監置が病院治療に代わっても、隔離・閉鎖された状況で不適切な治療と暴行を生んでいる現実。１００年前、呉秀三が指摘した不当な処遇が現在も平気で遂行する恐ろしさ。集団の中に横たわる固定化された偏見をそこに見るのである。

2、知的障がい者の例　２００８年、札幌市の「3丁目食堂」で働いていた4人の知的障害者が賃金未払い、年金横領でこの食堂（商事洋光）を告訴した。住み込みで1日12時間以上の労働。月2日の休日。劣悪な生活環境。札幌市は垢じみた様子、粗末な衣服など、相談に来た時の様子で、不審を抱いたという。賃金は働いた年数によって違うが、13年から30年も未払いだという。弁護士は補助金を受けていた障がい者支援団体（職親会）、長年この事態に気づかず、また気づいてからも、ただちに保護しなかった（8ヵ月）札幌市にも責任があると指摘する。この企業は障がい者を積極的に雇う社会企業を装いながら、障がい者を搾取、奴隷労働を強いていた。水戸の「アスカ紙器作業所」の虐待、暴行事件などもそうだが、同様の事件は全国であとを絶たない。

問題はこのような虐待や過重労働を親や学校・福祉関係者は気づかなかったのかということである。ひどい仕打ちに気づいても、経営者が言う「働く以上の生活費がかかる」「雇ってやっている」の言葉、あるいは現実（就労の困難）に妥協し、見て見ぬふりをしていたのではないかという懸念がぬぐいきれない。もしそうならば悪徳経営者のみならず、支援関係者と言われる人たちの態度にも偏見→侮蔑→仕方がない→様子見→人権侵害→差別　が現実適応という状況の中で醸し出され、差別がまかり通ったのではないかと思われる。

3、発達障がい・裁判事例　２０１３年2月27日の新聞を見て驚いた。姉を殺し、殺人罪に問われたO被告は1審で懲役20年の刑を宣告されていた。控訴していた高裁で、その刑が14年に減刑された。それだけなら何ら驚くことはない。問題は1審の結果である。被告は発達障害（アスペルガー症候群）である。裁判員裁判の1審はその障害ゆえに検察の求刑16年を上回る20年を求刑したというのだ。何故か。1審判決はアスペルガー症候群に対する受け皿が社会にないと指摘し、「再犯の恐れがある。許される限り長期間、刑務所で内省を深めさせることが社会秩序のためになる」と判決したという。

発達障がい者を医療や福祉の専門的援護に委ねるのでなく、この裁判に選ばれた裁判員たち（一般市民）は、刑務所に20年間も隔離すべきというのである。発達障がいに対する研究や社会的受け入れは十分ではないが援護施設もできてきているし、治療や専門サービス提供もある。障害をどう理解し、隔離・排除から inclusive society へという、今日の医療・福祉の思想をどれだけ勘案して判決を導き出したのか疑問である。社会的受け入れの貧しさは事実だが、それを理由に１００年以上も前の隔離の思想—それも刑務所で—が結びついた判決の矛盾を2審は明らかにしてくれた。しかし1審が世間の目だとしたら、障がいプラス犯罪に対する否定的感情の強さは想像以上の高い壁である。

Ⅳ、障がい者に対する地域住民の態度

以上3つの事例に共通する障がい者に対する視線は「侮蔑の目」「自己利益に膝まずかせる暴力と抑圧」「迷惑感と排除・隔離」のキーワードで捉えることができよう。表向き差別・虐待・搾取はやってはいけなと分かっているはずだ、だがこんな事件は起こる。タテマエ規範がいきわたったその陰で、隠微な形でもっと多くの差別があるように思われてならない。差別を支える偏見の頑迷さを感ずるのは筆者の偏見であろうか。次にわれわれが日常生活で感ずる、障がい者に対する多面的意見への賛否から一般住民が持つているであろう偏見の所在を考えてみよう。さらに障がい者福祉の今日的課題である自立と社会的受容（inclusion）を、国策として偏見・差別の対象とし、隔離の象徴であったハンセン病後遺症者に対する住民の態度から捉えてみよう。

1、調査から見えた偏見

1967年、筆者は障がい者に対して地域住民がどんな態度で接しようとしているか、札幌市民を対象に調査[7]を行った。障がい者の生活を取り巻く社会的側面の意見のなかから、リカート法により15の意見項目を設定し、5段階で賛否を問い、好意度を測定した。中立的意見（どちらでもない）はどちらかというとマジョリティーへの集団同調性が強いと考えて非好意的と判断して考察した。好意度が50％以下（強い回避傾向）の意見項目は「身内のものと障がい者の結婚は避けたい」（17％）、「知的な仕事よりも単純な手仕事の方が適する」（24％）、「一般の人より

労働災害を起こす傾向が大である」（27％）、「社会的に良くしてもらいたければ、障がい者の方で欠点を除くことが先決」（28％）であった。全般的に見て、地域住民は障がい者福祉の政策的側面には比較的好意的反応を示しながらも職業適性などには誤解・無理解による拒否的傾向が目立った。日常生活における接触状況の想定意見（かかわり→一緒の食事や入浴→身内の結婚）では、心理・社会的距離が近くなるほど非好意傾向が強くなった。そこには理由の明確でない回避感情が感じられるが、これらの反応は、アメリカの人種的偏見の研究で示された拒否反応と同じような傾向を示した。

身内の結婚に対する反対を除けば、職業能力、事故頻発、人間関係など職業的側面の偏見が強い。これらの雇用拒否反応には客観的根拠はない。職業能力についていうと、心身の機能不全をクローズアップすれば、職業選択は狭まるであろう。しかし心身機能を一律にカテゴライズせず、職業性能とのマッチングと職場環境の合理的配慮をすれば適性は広がるのである。制度的に障がい者雇用の促進が図られているにもかかわらず、職業参加が十分に進展しない理由にこのステレオタイプの存在は無視できないであろう。

同じ意見項目で北海道内の企業の雇用主と従業員を対象に1976年と1989年の2度にわたって調査[8]を行った。この間、国際障害者年（1981）などの影響もあり、わが国の障がい者雇用政策は整備され、障がい者福祉も拡大した。当然障がい者に対する理解は深まっただろうと考えて調査を行った。予想に反して職業受け入れに関する好意度は減退していた。例えば「障がい者を安く雇ってはいけない」82％～58％へ、「労働災害を起こす傾向が大」29％～22％へ、「単純な手仕事が適している」35％～29％へ、「人手不足の時雇えばよい」59％～54％へ、というように就労受け入れへの偏見は堅く、それを解くことのむずかしさが伺えた。逆に回避や人間関係に関する好意度は若干アップしていた。環境のあり方を重視するノーマライゼーション政策の影響と考えられる。

調査結果から障がい者に対する一般的態度―偏見―は「自分が直接関わらなくてもよい状況では好意的でも、心理・社会的距離が近くなるほど回避の意識が強く働く。そしてその度合いは障害の種類と程度によって異なる。非好意度は身体障がい者より知的障がい、精神障がい者に強く働く」と考えられる。なお1989年の調査[9]の意見項目にクラスター分析を試みたところ、三つの偏見の基本的要素が見いだされ、「迷惑感」「差別の容認」「関係性の回避」と考えられた。

2、排除・隔離から地域へ・・ハンセン病への差別

ハンセン病を我々は「らい病」といった。らい病ほど地域から強制的に排除され、無残な隔離を受けた人たちはいないだろう。この病気に罹患すると、病状、機能損傷の差はあるものの、四肢の変形・拘縮、知覚麻痺、顔面結節・潰瘍ができるので、人々に恐れられると同時に、家族、地域からも離れ、物乞いによって生きる道しかなかった。明治政府は「らい予防に関する件」（1907）を公布し、強制隔離を始める。その後13か所の国立療養所を設立、患者を地域から一掃し、そこに強制収容する無らい県運動を行うにまで至った。強制的に終生隔離を主張する療養所側の医師、その意見を取り入れた内務省に対して、らい菌の伝染性の弱さを示し、隔離でなく外来治療の必要性を主張する医師もいたが、その意見は療養所側や内務省によって抑圧され、強制隔離は一段と強化され、第二次大戦後も隔離は続いたのである。筆者が強調したいのは第二次大戦後特効薬（プロミンとスルフォン剤）の登場によって、この病気は完全に治る病気になった。WHO第1回専門家委員会（1952）も、らい患者の伝染性が効果的に弱まったことを認め、患者の処遇は隔離から治療に向かうべきことを示唆していた。にもかかわらず、そして全国ハンセン病療養所入所者の大反対にもかかわらず、隔離を合法化する新「らい予防法」（1953）を成立させた。この偏見と差別に満ちた法律は「らい予防法の廃止に関する法律」（1996）の成立まで続くのである。この100年、国自ら煽った伝染性の恐怖、医学知識の無視、隔離は人々に強い偏見を形成した。自由になった療養所入所者は地域に戻れるようになったとはいえ、その実現は容易ではないと思われるのである。

わが国最初のハンセン病療養所である長嶋愛生園の所在地、邑久町と隣の岡山市でハンセン病後遺症者の社会的受容を中心に住民の態度測定[10]を行った。先行研究を参考にして、ハンセン病者との社会関係（社会的受容、隔離、援助など）に関する15の意見項目を設定し、5段階で賛否を問うた。返答率が30％と低く、確かなことは言えないが、ハンセン病者の境遇には同情を示しながらも、直接関わるような身近な状況ほど拒否的反応が見られた。中立反応は偏見や差別を傍観するという意味で非好意的反応に含めて捉えてみることにした。50％以上の拒否的反応を示した意見項目は「隔離を目的とした療養所はもう必要ない」90％、「ボランティア活動に参加してみたい」80％、「身内の者の結婚に反対しない」58％、「援助する隣人になりたい」58％、「ハンセン病者と交通機関で相席になっても気にならない」57％、「地域の中で一緒に生活すべき」52％、であった。具体的質問として「近所に共同住宅を」に賛成は17％、「食堂、レストランは来店を拒否すべきでない」は賛成8％に過ぎない。地域生活で最も必要な条件だけに、地域生活への壁は厚いと言わねばならない。この否定的態度を要約すると「隔離を目的とした療養所はまだ必要で、地域での受け入れには躊躇する。ハンセン病の人と付き合うことは気になるし、直接的援助は出来ない。面倒を見るのは国や社会の責任ではないか」というように本音の部分では極めて偏見の強さが浮かび上がる。ハンセン病は偏見を呼び起こす最も強い刺激布置かもしれない。ハンセン病後遺症者に向けられた強い偏見は、障がいを持つ人の被差別体験で示される周りの人びとのまなざし、すなわち「標準的でない容姿に対する奇異の目」「機能損傷から見る能力への疑念」「迷惑感・関係の回避・差別容認」の強いあらわれと考えられる。

Ⅴ、むすび

偏見は社会福祉援助・政策のすべての側面で悪影響を及ぼす。偏見は差別に結びつくから個人の生活の面では権利侵害と関係し、マイノリティーとして、不利益・不平等を容認する。それが世論の一部として人びとの心を動かせば、何が社会福祉の正義か、その「望ましさ」の方向を歪ませる要因にもなりかねない。

しからば偏見をなくすることは可能か。それは難しい。偏見―態度―は個人が所属する集団の文化や成長過程の情報や教育によって培われるし、国や地域の経済・社会のあり方によっても影響をうける。政治の姿勢も無視できない。さらには社会的競争が激しく、業績主義で評価され、フラストレーションのたまり易い社会状況は偏見を増幅させるという。偏見をなくすにはこれらすべてを視野において対処せねばならない。偏見の消去は困難でも、減らすことはできる。偏見が差別や不平等に結びつかないようにしなければならない。

われわれは自分が抱く偏見は気づきにくい。障がい児の就学猶予・免除は思いやりだと錯覚し、一般のサラリーマンになることは無理だと考えられていた。地域で自立できなければ施設入所は当然で、施設をたくさん用意することは社会福祉政策の主流だったのである。障がいという概念は社会との関係で捉えるべきであり、社会の方を変え、障がい者の自立を支援すべきだとは、30年くらい前（国際障害者年１９８１）まで、考えもしなかった。表向き法律で禁止されている行為は別として、何が権利侵害に当たるか、何が差別か、偏見の持ち主は理解しないで行為する。偏見を打破する道は容易でないが、目に見える差別は制度的に禁止しなければならない。障がい者虐待防止法は偏見・差別の基準を明示しており、偏見を反省する教材としても役立つ。障がい者差別禁止法の法制化も早く実現しなければならない。

わが国の文化には福祉意識の遅れが多く残っている。北欧など福祉先進国の影響をうけて権利侵害に目が向くようになったが、教育のインクルージョン、障がい者の就労・社会参加、自立支援などに一般の理解は十分とは言えない。北海道は障がい者条例（平成22）を施行し、権利擁護と地域の暮らし支援を図っている。平等と社会参加の促進のために偏見の自己覚知は常に怠ってはならないと思うのである。

注および文献

1）拙著「施設建設をめぐる紛争に学ぶ」北海道の福祉１９８５　北海道新聞社　P64～72
2）日高登　老人ホーム日記　朝日新聞社　昭和54年　P43～47
3）オルポート（原谷・野村共訳）偏見の心理　培風館　P６
4）同右　P13
5）R・ブラウン（橋口・黒川共訳）　偏見の社会心理学　北大路書房　P８
6）1はインターネットから引用、2と3は毎日新聞の記事から引用
7）拙著　身体障害者に対する偏見の研究　北星論集　１９６７　P53～75
8）拙著　心身障害者の就業に対する態度の研究　北海道心身障害者雇用促進協会　１９９７
9）拙著　障害者とノーマライゼーション政策に対する住民の態度の研究
北海道ノーマライゼーション研究　№２　１９９０
10）拙著　ハンセン病後遺症者に対する地域住民の態度に対する研究　吉備国際大学社会福祉学部研究紀要　第９号　２００４

私の実践・研究を振り返って

偏見の研究から共生社会の実現へ

―ノーマライゼーション、自立の支援、地域福祉

（『社会福祉研究』第１３２号　２０１８年７月）

１、リハビリテーションを学ぶ

社会福祉の門を叩いてから半世紀を超えた。１９４９年身体障害者福祉法が公布され、全国都道府県に更生相談所と更生指導所が開設される。私は１９５４年、北海道大学教育学部（学部長城戸幡太郎先生）を卒業した。卒業後の進路に迷っていた私は指導教授（三井透先生）の推薦により、更生相談所に心理判定員として採用された。障がい者や仕事の関係者に申し訳ないことだが身体障がい者のことはもとより、福祉の知識は何も学んでいなかった。リハビリテーションの用語も就職して始めて知った。その無智な私が多様な更生相談に応じる役割を担うことになったのである。戸惑う私の姿に「日本の障害者福祉は始まったばかり、発展はこれからなのだ」との励ましもあり、障がい者の訴えを学びの糧とした。

敗戦直後、多くの学問や技術はアメリカの影響下にあり、障がい者に対する医学やリハビリテ

ーションも例外でなかった。とくに戦時下の軍国主義、戦時経済の下では障がい者は排除されていたから、傷痍軍人対策以外に見るべき知的経験はなかった。アメリカでも１９４０年代の初期のリハビリテーションは third phase of medicine といわれ、医療の専門技術分野（ＯＴやＰＴなど）、教育、職業、福祉の分野との間でリハビリテーションの理解に壁があったといわれる。１９５０年全米リハビリテーション会議のシンポジウムで「障害ある人の能力を身体的、精神的、社会的、職業的、経済的にその人の最高レベルまで回復させること」、さらにその後「社会への統合を目指すこと」を加えた定義が示され、それが共通理解となっていった。われわれもその理解で未来を拓く仕事を目指していた。

２、リハビリテーションの施設にて

更生相談所には更生指導所が併設され、更生医療（身体的機能回復の手術や運動訓練、補装具の着用適応訓練など）や職業指導が必要と認定された人が入所しており、これから社会に巣立つ若い人が対象になっていた。職業指導は洋裁仕立て、木工家具製作、のこぎり目立て、印鑑彫刻であった。そこの指導員兼務を命じられた。そこでの経験はそれまでの私の「障害観」「学力、能力」「人格形成」などの常識を覆し、その後の研究や実践の思考枠組みを形づくったように思われる。それは「障がいとは状況との関数である。生理的機能不全にのみ目を向けてはいけない」「障がい児の学力や能力は一般の常識で画一的に捉えてはいけない」「人格は生育状況や周りの社会的態度との関連で深く洞察しなければいけない」という臨床上の実践的反省である。

こんな反省から障がい者（児）の development を支える要因は何か。複雑な社会との関係を実証できないかと考え始めた。そこで小さな仮説をたてながら、更生指導所の修了者のフォローアップ、ケーススタディを行い、私の中のリハビリテーションの理論の検証を始めていった。就職4年目、ようやく仕事に慣れたころ、所長から国立身体障害者更生指導所（現在の国立身体障害者リハビリセンター）へ転出の話があり私の心を動かした。恩師の勧めもあり悩みながらも本格的なリハビリテーションの研究を志すことになった。

国立更生指導所での職名は心理判定員であり、主に入所者の人格評価、職業適性調査に従事した。また入所者の担任も受け持ち、相談や指導も行った。学生の時、三井先生から日本の職人の伝統的技能を研究することを示唆され、卒業論文では指物・木工、洋裁などの職務分析を行い、技能熟達への道を探った。以前の研究方法を用いて障がい者の適性を探り、職業指導に役立てることが出来るとは思いもよらなかった。

適職とは個人の持つ職業能力と職業が要求する職業性能との適合を意味する。適性を求めるには障がい者個人の能力と職業が要請する性能を照合し、job が個人の能力を受け入れることができるか考察しなければならない。その為には心身の機能に関連して職場環境を可能な限り合理的に配慮することが求められる。その配慮のためのデータは職務分析や環境全体の観察によってなされる。個性や職業能力の把握は心理テストと作業観察でなされていたが、一般の標準化されたテストを障がい者に対し無批判に適用することは妥当性を欠く。とくに一般職業適性検査は身体的特性や生育歴を合わせて考察しなければ誤った結論に導く。さらに障がい者自身は「障がいあるから手職でも」と狭く進路を考える傾向があった。もちろん現実的には職能コースで技能を学び就職の道を選ぶことは重要である。しかし個性によっては別の道もある。職業の種類は何百とある。職能コースを Pre－vocational unit として自己啓発し、多様な職業の選択肢をイメージして vocational guidance を試みることの重要さを感じることが多くなった。私の疑問や考えを議論しているうちに同僚の三和治さん（後に明治学院大学教授）から社会事業大学の先生方の研究会に誘われた。social work は職業指導の思考枠組みの延長線上にあるのではないかと、社会福祉実践へ近づいていたので社会福祉研究の本丸に誘ってくれたのであろう。わずかな回数の参加であったが、始めて聞く大学の先生の討論は福祉の勉強への強い動機づけになった。

私が学んだ教育学部は講座の壁もなく協働の project 研究で問題解決を試行する大切さを教えてくれたが、人文・社会科学を論理的にまとめる力に乏しく、私の頭は雑学の集積であった。更生指導所では担当する職務の経験はもとより、所長主導の若手専門職員の文献抄読会は無知な私を鍛えてくれたし、医療関係やソーシャルワーカーなど多職種の知的交流はリハビリテーションが新しい援助の哲学、学際的チームワークの総合技術であることを教えてくれた。リハの哲学は社会問題に挑戦するときの城戸先生の教えに近く、福祉研究の枠組みを作るのに役立った。この国立更生指導所の経験がその後の実践や研究のための基礎的教養になったと思うのである。

3、社会福祉の研究へ・北星学園大学で支えられて

1961年秋、創設を予定している北星学園大学から転出の誘いがあった。恩師の推薦という先輩や同僚の勧めもあり、北海道の福祉開拓?の夢にひかれて、1962年10月、北星学園大学文学部社会福祉学科に赴任した。小規模大学ながら教員は大学づくりの志が高く、経営も研究条件も自由な雰囲気が感じられ、明るい未来が展望できた。

1960年代になると社会福祉制度は急速に整備されてきた。それにつれ social worker 養成への期待も大きくなった。私の研究や講義の中心は当然のことながら、障がい者（児）福祉である。これまではリハビリテーションチームの中で専門技術を駆使すればよかったが、講義は自ら体系的な知識を組み立てなければならない。それも社会福祉の概念の下で、2単位15コマを論理的に繋いでいくことが求められる。まずは「社会福祉とは何か」を自分に問うことから始めなければならなかった。私は身体障害者福祉法の下で仕事してきたので、その経験は福祉の営みであろうが、学問として社会福祉を探求していない。そのような時、日本社会福祉学会に参加して驚いた。予想もしなかった社会福祉本質論争がなされていた。典型的なものとして孝橋理論と竹内理論との論争は記憶に生々しい。生半可な私の理解であるが、孝橋先生はマルクス主義の立場から「社会福祉の対象は資本主義の生み出したものであり、福祉の営みは資本主義の延命策」だといい、竹内先生はアメリカのソーシャルワーク理論から「生活困窮や適応困難を克服するための援助技

術や政策は問題を生む社会の欠陥を改良し、困窮する人々の人権を守り、生活の安定に欠かせない」と主張していた。福祉現場の経験からいえば、「問題発生の歴史認識を問うこと」と、「困窮や不適応を援助する構造的理解」とは、総合的に社会福祉の概念に含まれるのではないかと思った。その後、岡村理論や木田理論に影響を受け、救済政策や援助システムの構造に注意がひかれた。社会福祉へアプローチは現象としての問題を理解しニーズをとらえることから始まるし、クライエントの主体的力を支援し、社会資源の助けを得ながら、ニーズの充足・問題解決を図る。その過程で問題発生の社会的メカニズムを意識するのではないか。結局現場で働く社会福祉従事者の実感としては資本主義の矛盾を感じながらも、社会福祉は「生活困窮や適応困難を克服するために用意された援助や救済の総合的システム」と捉えているのではないか。そしてその実感から科学としての社会福祉の研究を行う必要があろう。研究の視点は「援助の必要な問題の考察」「なぜ生活困窮や適応障害の不幸がもたらされたかの洞察」「どんな援助・救済策が有効か」「その援助・適用した施策の有効性の検証」であろう。グランドセオリーの社会福祉概念はさておき、私は小さな理論仮説—仮説検証—考察の過程をとらえて、evidence を積み重ねて社会福祉概念を考えることにした。

当然のことだが、講義担当の「障がい者福祉論」の「障がい」も明らかにしなければリハビリテーションや自立を支える社会福祉制度を組み立てることができない。「障がい」とは心身の生理的機能の損傷だけではない。障がい者の生活（活動・社会参加）は何をするにも多くのバリアに囲まれている。バリアとの関連をとらえる必要がある。更生指導所に勤務していた時、障がいを理解するために、「生い立ち」の過程で遭遇した辛い出来事を聞かせてもらっていた。成長の節々で制度的バリアに直面し、社会参加の不平等、差別の経験を味わっていることか。それはわれわれの社会が平均的心身機能の人々の標準動作や社会的便宜にあわせて作られ、不自由を示す人に対する無関心や排除の雰囲気がバリアを作っているのだ。そんな障がいの基本的理解をえて、講義や研究の視点は定まった。その後国際障害者年は行動計画で、障がいを「社会から担わされた社会的不利益」との考えを示し、２００１年ＷＨＯは「国際生活機能分類」で環境をさらに重視した概念を示した。

４、福祉を考える基礎となった研究を振り返れば

この思考プロセスは私の研究の基礎となった。長い教員生活の中で思い出に残る研究はいくつかあるが、学会でも認められ、その後の福祉政策にも影響した研究に触れてみたい。一つは「身体障害者に対する偏見の研究」、北星論集、１９６７年1) であり、もう一つは「在宅福祉サービスの課題と方法」、北海道社会福祉協議会、１９７９年である。

偏見の研究は、障がい者が機会均等への制度的壁のみならず、周りの者の否定的感情に囲まれていた苦悩を教えられ、自分の無知や常識への反省が動機となった。移動の困難も雇用機会の不平等も、そして施設への保護的隔離も、環境を改良して社会参加を可能にする配慮に欠ける社会

の慣習や障がい者に対する否定的雰囲気にあるのではないか。先ずわれわれの常識にどんな否定的感情が潜んでいるか、それを明るみに出して、その事実に気づかなければどんなバリア（物理、制度、情報などの）も取り除けないのではないか。就職時の初心忘れず、心のバリア（偏見と差別）にメスを。研究の取り掛かりはそんな気持ちだった。

どんな先行研究があるのか。アメリカの先住民族や黒人差別、ナチのユダヤ人やロマへの迫害の研究は広く知られている。障がい者に対する研究では人権侵害や差別の指摘はあるものの、障がい者に対してなぜ否定的感情を露わにするのか。偏見を分析した論文は少なかった。アメリカでは当事者 advocacy 運動もあってか社会学や社会心理学の雑誌に多くの興味ある研究を見出した[2)]。人種差別の研究をまとめた G. Allport の原谷、野村共訳「偏見の心理」、培風館、1968、などの一般理論も参考に、リカート法で偏見の意見項目を作成し、それを中心に質問紙を設計した。幸いに文部科学省の研究助成金を与えられ調査はスムースに行うことができた。

偏見は障がい者のイメージに対する反応である。とくに根拠のない否定的感情にとらわれた態度がノーマライゼーションの壁となる。調査結果を要約すれば、「自分が直接かかわらない状況では好意的でも、心理・社会的距離が近くなるほど、非好意的になることが伺われ、精神障がい者・知的障がい者に対する回避の傾向は身体障がい者より強かった。そして意見項目の測定から障がい者に対する偏見は「迷惑感」「容姿・能力への侮蔑」「差別の容認」「関係性の回避」などの因子によって構成されていることが見いだされた。

心のバリアは見えない心の歪みであり、しかもその見えざる心に気が付かなければ、障がい者に対する援助の専門的態度を歪めることもあるし、社会保障、社会福祉の政策形成の道筋を誤ることもある。その典型的な例は旧優生保護法の強制不妊手術、らい予防法によるハンセン病療養所への強制隔離、知的障がい者のコロニー建設と隔離の促進、過去に常識であった義務教育の猶予・免除の措置などに見ることが出来る。思いもかけず、この論文は第４回社会保障学術奨励賞を受けた。国際障害者年以後、ノーマライゼーション政策が進められると、政策のネックに心のバリアが強く指摘された。以後関連する報告書や論文をいくつか執筆しノーマライゼーションの展開に寄与することになった。

「在宅福祉サービスに関する研究」は北海道社会福祉協議会の呼びかけで研究会を組織し行った調査研究である。１９７０年代に入ると高齢者の福祉に対するニーズが顕在化してきた。地域で暮らす高齢者に老人家庭奉仕員派遣、給食サービス、隣近所の声掛けなど試行錯誤的に行われるようになった。しかしそのころは在宅福祉サービスの政策・制度的概念はできていなかった。その問題意識がこの研究設計の動機であったと思われる。全体の構想は全社協の研究チームが「在宅福祉サービスの在り方」「老人のための福祉コミュニティの在り方」の研究課題を提示し、実際の地域社会調査は北海道岩見沢市、京都府綾部市、福岡県春日市で実施した。調査内容は「福祉ニーズを構成する条件の分析」「社会資本の整備状況、人的資源の供給状況、公私の福祉施策体系の分析」「在宅福祉サービスの在り方」について検討することであったが、研究内容の細部は3地域の研究チームの仮説設定に任せられた。全社協の研究チームが3地域の調査結果をもとに「在宅福祉サービスの概念やあり方」をまとめたのが仲村優一、三浦文雄他「在宅福祉サービスの戦略」、全国社会福祉協議会、1979年である。

岩見沢調査の研究委員は12人で構成し、研究期間は1976年6月から翌年3月であったが、その後2年間継続し、北海道では岩見沢市調査の詳細な内容を記述した「在宅福祉サービスの課題と方法」を発行している。私の研究担当は「心身障がい者（児）の生活と要求」だったが、研究チームの委員長を任ぜられたため、「ニーズに対する福祉供給のあり方」「社会資源やサービスの連携」「住民意識とこれからの在宅福祉―提言」など、まとめに向かって議論することが多く、まさに学際的志向で委員の先生方の教えを受け、これからの福祉の方向性を探ることが出来た。この研究が少なからず高齢社会の問題拡大を予見し、新しい福祉政策転換への基礎理論を示したことは間違いないと思われる。ノーマライゼーションも訪問看護や地域生活介護の充実、自立生活支援システムの整備がなければ成り立たない。在宅福祉サービスの理論は障がい者と高齢者の縦割り福祉を止揚することも示唆した。私個人の研究にしても学際的研究人脈や研究・実践の視野が広がったことは疑いなく、さらには地域とのつながりが深くなるにつれ、大学の地域貢献にも結び付いていった。その後、北海道が設立した2つの研究所にも設立準備から深く関わっていくことになる。

5、ノーマライゼーション研究センター、高齢者問題研究協会の運営に関わって[3)]

5－i　1960年代、障がい者福祉政策の方向として、わが国は施設整備に力を注いでいたが、ヨーロッパでは北欧を中心にノーマライゼーションの思想が起こり、施設への保護隔離に反省を迫り、アメリカでは脱施設化（Deinstitution）、地域で普通の生活を目指す「自立生活」が政策の方向付けになっていた。その福祉思想の波及は、国際障害者年の設定となっていった。その目的は「完全参加と平等」である。障がい者の人間としての尊厳を守り、教育や職業への機会均等と社会参加を世界中で進めるため「国連障害者の10年」の行動計画が作られ、国連加盟国の福祉計画に組み込むよう求められた。国の行動計画に加えて、北海道は知事公約で「ノーマライゼーション研究センター」の設立を道民に約束し、1988年北海道社会福祉協議会の内部組織として発足した。

北海道は1960年脊髄小児麻痺の大流行に襲われた。夕張市をはじめ届出患者数は1747名、うち後遺症を残した患者は57・5％にも及び後遺症者の90％は3歳未満の幼児であった。皮肉なことにこの災害が北海道の地域リハビリテーションを進めていったといっても過言でない。1962年道内10か所に母子通園施設が造られ、関係施設連絡協議会（1964年リハ学会に組織替え）発足、これらの活動を受けて、1965年社会福祉協議会に社会復帰促進協議会が設けられ、リハビリテーションの促進はもとより、調査研究報告が30件余もなされた。研究センターの設立は国際障害者年が直接の契機だが、その背景に大きなリハ推進のうねりがあったのである。社会復帰促進協議会は研究センターに包摂されることになる。私はリハビリテーション学会の会員でもあり研究センターのあり方懇談会にも参加していたこともあってか初代運営委員長の就任を打診された。承諾に当たって心配したのは自由な政策研究の保証であった。福祉政策の正義はときに意見が分かれる。施設拡大か地域社会への inclusion 志向かの論争はその1例である。研究の自由を侵さないとの約束で委員長を承諾した。公私の福祉関係者の英知を結集することに努力し、毎年研究紀要を発行し、道民の期待に応えた。私自身もグループホームや施設から地域への移行、偏見とノーマライゼーションなどの研究をいくつか纏めることが出来た。研究センターの活動は inclusive society 形成のため少なからず影響力を発揮したと自負している。２００５年センターは閉鎖となり、新しく社協内に設けられた研究・情報センターに引き継がれた。

５－ii　高齢者問題研究協会は１９７０年の地方審議会の答申と１９７７年の北海道総合医療協議会の意見具申を受け、１９８４年に設立された。私は北海道医療協議会の医療と福祉委員会の委員長であり、「在宅福祉サービスの課題と方法」研究に関わり、また研究所の在り方の報告書の分担執筆者でもあるので運営委員長を引き受けざるを得なくなった。高齢者問題は医療・福祉はもとより住宅、職業、生涯学習など多岐にわたり、まさにその研究は学際的視野を必要とする。研究費は豊かではなかったが地域の研究者と結びつく努力をした。認知症患者の発症率調査（北海道委託研究）などの大きなprojectも成し遂げ、また少子高齢化に直面する実践的研究も多く申請され研究協会の存在も広く知られるようになった。研究の成果の報告会、資料や情報の提供も積極的に行ったが、２００９年この研究協会も北海道社会福祉協議会の研究・情報センターに包摂された。

6、ボランティア ― 障害幼児の発達援助に携わって[4)]

個別の研究や研究組織と関わらないが、私の福祉実践はボランティア活動にあったと思っている。１９６７年から２０００年までの間、一時札幌から離れるまで、北海道クリスチャンセンター・家庭福祉相談室で障がい者の相談と幼児の発達援助に従事した。センターのR. Barker先生が大学との連携を求められ、学科の承認を得て、私が協力したのがボランティア活動に参加した契機である。50年前、そのころは知的障がい児や自閉症児を受け入れる幼稚園や保育所はなかった。通園事業への訴えは切実であった。子供の発達の援助のためには子供の遊戯や心理療法とともに、母親の心理的安定と情報提供が重要と考え、集団カウンセリングを行うこととし、私が担当した。共通の悩み、苦悩を吐露し、また育児の経験交流は心の安らぎをもたらす。子供が成長し、統合可能と思われるようになると、理解ある幼稚園の先生にお願いして統合保育の道を拓くことも行った。

３月を過ぎると通園希望の相談が増える。障害が重い、難病などの病気がある、多動などの子供は療育の専門的機能はないとの理由から入園を拒否される。相談室は相談室の都合で排除しない原則で、環境を子供の事情に合わせる工夫を心がけた。それは地域の社会資源との結びつきでネットワークを組むとともに、手厚い1対1の療育環境と集団療法のアプローチで可能にした。その療法環境はソーシャルワーク、教育学、心理学を学んだ人を含む専門的知識を持ったボランティアの力があったからできた[5)]。これらの知見は毎年セミナーを開いて、関係者の批判を仰いだ。ボランティアは人々の生活危機や不幸を座視せず、利益を求めず主体的に援助に取り組み、危機を生む状況を好転させようと活動する人たちのことであろう。だから危機の原因や援助を妨げる陋習を批判し、社会改良をめざす。私は相談室の仲間から研究のエネルギーを与えられ、援助の道筋を気づかせられることも多々ありボランティアの仲間との交流で福祉の思想を鍛えられた。

7、むすび

研究や教育の背景は広い。何がどのような思索の道に影響したのかよくわからないが、研究の動機付けには共通する大きな流れがあるように感じられる。そしてその動機を結果に導く舞台が必要である。長い大学勤務生活で多くの報告や論文を書いてきたが、私にとってその動機は「偏見と差別」「ノーマライゼーション」「在宅福祉サービス」の key word で表すことが出来る。そして目的達成を支える舞台は大学であり、二つの研究機関であった。残念ながらこれらの研究機関は閉じたが、私が研究所の在り方の設計や運営に参加していたこともあり、北海道社会福祉協議会に「研究・情報センター」を設置し、研究情報誌「北海道の福祉」を毎年継続して発行している。言うまでもなく福祉の研究は社会問題を洞察し、その問題で不幸に陥っている人々の苦悩に共感することから出発する。その意味でボランティアでの臨床経験で障がい幼児を抱える家族の実態を学んだし、社会福祉協議会や審議会の各種委員に就任したことは福祉の政策・制度の変遷やニーズに対する福祉供給の在り方を学ぶ窓口になった。また大学で教えることは学ぶことでもあった。共に学んだ教え子は北海道の福祉を拓く牽引車になっている。高齢社会の進行はますます社会福祉への期待を膨らましている。私の人生、残る時間は少なくなった。次世代に期待したい。

注および文献

1) 拙著『偏見の断層』(第3版)(筒井書房、１９９７、14～38ページ)に詳しく解説した。
2) A. B. Wright『Physical disability – A psychological approach』, Harper, 1960
3) 両研究所とも余儀なく閉鎖になったが、研究実績は研究紀要に残されている。ノマ研は(１９８９年 No.１～No.18)、高研協は(１９８５年 No.１～No.25)
R. G. Barker, "The social psychology of physical disability", J. Soc. Issues, 1948 など。
4) 拙著『共生社会を求めて』、はまなす文庫、２０１０年、44～81ページに詳しく述べた。
5) 家庭相談室ボランティアグループは１９８８年に読売事業団から福祉活動奨励賞を、１９８９年には札幌市から福祉ボランティア貢献賞を受賞した。

あとがき

歳をとると心配性になるのであろうか。長寿を受け止めながら、独り暮らしの経験は家族の機能や地域社会の生活様式、伝統的価値観の変化を如実に感じる。いろいろな統計を見ても我が国の社会変化は激しい。この変化は社会福祉の需要と供給の在り方に大きい影響を与えている。

戦後の経済成長は社会保障や社会福祉を先進国並みに整備することを可能にした。高齢社会の進行と長引く不況はこの社会保障の持続的発展に不安を与えている。社会福祉や社会保障は社会の変化にどう応じていけばよいのか。福祉の望ましい在り方、限りある財政配分、目的やそれを達成するための計画性、受益者のニーズ充足と民主的合意が問われているように思う。どんな変化が襲いかかっているのか。

① 高度経済成長は国民を経済的に豊かにしたけれど格差を広げた。特に新自由主義、市場原理の政策は社会的弱者に貧困をしわ寄せしている。貧困は教育、健康などの格差にも連動し、ニーズを複雑にしている。

② 高齢化率は二七・七％（二〇一七年）。二〇六五年には三八・四％に達すると予測されている。当然医療や介護、福祉サービスの必要性は増大する。社会保障を支える国や地方自治体の

財政は借金を抱え国債・地方債を合わせて一一〇〇兆円を超える額になっている。

③　さらに人口の流動化は過疎過密を早め、二〇四〇年までに全国の自治体の半数が消滅の危機に直面するだろうと予測する研究もあり、過疎地の不安を強めている。

④　経済成長は地域社会や家族の絆を弱めた。高齢者の独り暮らしが増え、しかも生活保護受給世帯一六四万世帯の半数は高齢者世帯である。

⑤　全国の被雇用者の四〇％が非正規雇用だという。非正規雇用者の労働条件は劣悪である。厚生年金保険の未加入者も多いという。未加入者は老後を無年金で迎えることになる。だから生活保護に頼らざるを得ない。

⑥　年によって僅かな差はあるが二〇一八年の合計特殊出生率は一・四二。二〇一九年の出生数は九〇万人に満たなかった。人口減は加速している。

このような事実は予測されていたが問題解決は先送りされてきた。令和の時代はこの困難な社会問題に対応する社会保障の回答が期待されている。

争点は福祉の在り方の価値選択と目的実現の具体的計画、計画実行のために必要な財政負担をだれが背負うかということであろう。どんな議論があるか。次のようなことが頭に浮かぶ。

①　社会保障制度の始まりは貧困の解決である。国は豊かになったが格差は拡大した。市場原理を政策に取り入れれば予想されたことである。所得再配分の政策を深める必要がある。

②　福祉サービスの提供は施設保護から地域福祉、在宅援助の方向にシフトしている。家族、

地域社会の絆がうすれてきた現在、公助、共助、互助、自助の協働をどう機能させることができるか。

③　それはノーマライゼーションを充実させることでもある。機会均等、人間の尊厳の確保、権利擁護、そして不平等との戦いが待っている。

④　計画遂行は財政の裏付けが欠かせない。これまで社会保障財源は国債に頼っていた。それも限界に近い。近い将来、消費税のアップ、サービス利用者の自己負担増、サービス利用の制限や縮小のいずれかが日程に上るであろう。

何とかこれらの視点を洞察し、望ましい福祉制度ができればと思う。政府は全世帯型社会保障推進や包括支援の重点施策を打ち出している。地域の具体的な課題解決を通じて、望ましい政策合意に結びつければと思う。障がい者の福祉やノーマライゼーションの研究の一部分を担ってきたが、バリアフリーの実現は十分でない。これからは隠居の身で身近の生活におけるバリア、特に心のバリアを見つめ共生社会の在り方に協力したいと思う。

最後に、この本を作るにあたって多々ご協力くださった友人でもある編集者・奥野彰さんと、また快く転載をご了承くださった方々に、深く感謝申し上げます。

二〇二〇年二月　卒寿の思いを深くして

忍　博　次

著者

忍 博次（おし ひろつぐ）

1930年（昭和5年）3月23日 富良野市にて生まれる
1954年 北海道大学教育学部卒業
北海道中央身体障害者更生相談所
1959年 国立身体障害者更生指導所
1962年 北星学園大学文学部専任講師
1996年 同大学社会福祉学部長
2000年 同大学定年退職・名誉教授
吉備国際大学社会福祉学部教授
2004年 九州保健福祉大大学院（通信制）教授
2007年 名寄市立大学教授
2010年 同退職

著書
『偏見の断層—福祉を考える友へ』筒井書房1987年
『自立・人間復権の福祉を求めて』筒井書房1997年
『社会福祉を考える—変わりゆく福祉の思想を求めて』響文社2002年
『共生社会をもとめて—福祉を歩いて50年』はまなす文庫2010年

続　共生社会をもとめて
―福祉を歩いて60年

二〇二〇年三月二十三日発行

著　者　忍　博次

印刷・発行　有限会社　ワタナベ企画いんさつ
〒〇七五－〇〇三三
芦別市南三条東二丁目二番地
TEL　〇一二四－二三－八三〇〇
FAX　〇一二四－二三－八三〇一

発　売　有限会社　かりん舎
〒〇六二－〇九三三
札幌市豊平区平岸三条九丁目二－五－八〇一
TEL　〇一一－八一六－一九〇一
FAX　〇一一－八一六－一九〇三

ISBN978-4-902591-38-5 C0036